게스트하우스 창업
A to Z

게스트하우스 창업 A to Z : 청춘여행자의 낭만적 밥벌이

초판 발행 2014년 10월 1일
2쇄 발행 2016년 10월 1일

지은이 김아람 / **펴낸이** 김태헌
총괄 임규근 / **기획·편집** 신미경 / **교정교열** 김호연, 이헌건
디자인 이석운, 김미연 / **일러스트** 한예준
영업 문윤식, 조유미 / **마케팅** 박상용, 송경석, 조승모, 변지영 / **제작** 박성우, 김정우

펴낸곳 한빛라이프 / **주소** 서울시 마포구 양화로 7길 83 한빛빌딩 3층
전화 02-336-7129 / **팩스** 02-336-7124
등록 2013년 11월 14일 제 2013-000350호 / ISBN 979-11-85933-01-6 13320

한빛라이프는 한빛미디어(주)의 실용 브랜드로 우리의 일상을 환히 비추는 책을 펴냅니다.

이 책에 대한 의견이나 오탈자 및 잘못된 내용에 대한 수정 정보는 한빛미디어(주)의 홈페이지나 아래 이메일로
알려주십시오. 잘못된 책은 구입하신 서점에서 교환해 드립니다. 책값은 뒤표지에 표시되어 있습니다.
한빛미디어 홈페이지 www.hanbit.co.kr / 이메일 ask_life@hanbit.co.kr

Published by HANBIT Media, Inc. Printed in Korea
Copyright © 2014 김아람 & HANBIT Media, Inc.
이 책의 저작권은 김아람과 한빛미디어(주)에 있습니다.
저작권법에 의해 보호를 받는 저작물이므로 무단 복제 및 무단 전재를 금합니다.

지금이 아니면 할 수 없는 일이 있습니다.
책으로 펴내고 싶은 아이디어나 원고를 메일(writer@hanbit.co.kr)로 보내주세요.
한빛라이프는 여러분의 소중한 경험과 지식을 기다리고 있습니다.

청춘여행자의 낭만적 밥벌이

게스트하우스 창업
A to Z

김아람 지음

Prologue
게스트하우스를 다시 시작했습니다

2014년 여름, 부산에 다시 잠 게스트하우스를 열었습니다.

고민이 많았던 열여덟 살, 방랑자로 살겠다며 여행을 떠난 날로부터 벌써 10여 년의 시간이 흘렀습니다. 어느덧 저는 게스트하우스 주인장으로 살아가고 있네요.

　분주한 번화가 속에서도 유난히 고요한 이곳, 저의 두 번째 게스트하우스는 용두산공원 아래의 한적한 길목에 있습니다. 1층에는 딱봐도카페와 여행 갤러리, 작은 가게가 있고 2층에는 게스트하우스의 객실이 있는 재미난 공간입니다.

　1950년대에 지어진 낡은 집이라 조심조심 고쳤습니다. 꿈꾸던 게스트하우스에 조금이라도 더 가까운 공간으로 만들고자, 낡은 집에 맞춰 설계도 여러 번 바꾸었습니다. 설비부터 페인팅, 목공, 철공까지 직접 손을 안 댄 곳이 없습니다. 찾아와주는 여행자들을 위해, 또 앞으로 이 공간에서 많은 시간을 보낼 나를 위해 편안한 공간을 만들고자 노력했어요. 침대와 가구를 직접 하나하나 만들고 숙면을 돕는 침구를 세심하게 선택했습니다.

　그러나 일이 마음먹은 것처럼 술술 풀리지는 않았어요. 여러 번 우여곡절은 거듭되었고…….

- Prologue -

    그럴수록 2011년, 두근거리는 마음으로 처음 열었던 홍대 앞 게스트하우스를 떠올렸습니다. 떠돌이 여행자로 살면서 늘 꿈꿔왔던 공간을 마침내 열었던 그날의 설렘과 뿌듯함. 마치 집처럼 편안하게 지내다 돌아간다고 손을 흔들던 여행자들. 그렇게 만들어간 인연과 추억의 시간.

    그리고 제 자신에게 계속 되뇌었습니다.

    '나는 왜 또다시 게스트하우스를 만들겠다고 하는 걸까?'
    '왜 꼭 게스트하우스여야 하지?'

    끊임없이 무언가를 찾아 헤매며 떠돌았던 내 삶, 그리고 2011년부터 홍대 앞 작은 게스트하우스의 주인장으로 살았던 시간, 그 와중에 우연히 만

나 이렇게 나의 새로운 미래가 되어준 잠 게스트하우스 부산점까지. 게스트하우스는 어느덧 제 삶과 밀접하게 연결되어 있었어요.

사람들은 늘 물었습니다. 어떻게 게스트하우스를 열게 되었는지, 왜 게스트하우스여야 했는지를요. 급속도로 늘어나는 외국인 여행자들, 적은 자본금으로 시작할 수 있는 매력적인 사업 아이템, 제주와 서울을 찍고 전국 곳곳으로 퍼져나가는 시기이기도 하고, 펜션이나 민박을 운영하던 분들이 게스트하우스로 간판을 바꾸는 일도 많아졌습니다.

수많은 이유들 중 자신 있게 말할 수 있는 것은 게스트하우스를 운영하면서 제가 행복했다는 것입니다. 손으로 만드는 것을 좋아하고, 사람을 만나는 것이 즐거우며, 여행을 사랑하는 저는 게스트하우스를 만들고 운영하면서 더욱 다양한 사람들을 만났고 그만큼 더 행복해졌습니다.

· Prologue ·

　게스트하우스를 운영하며 느꼈던 기쁨, 그 행복을 다른 사람들과 더 많이 나눌 수 있기를 기원하며 이 책을 썼습니다. 부족하고 어설픈 솜씨로 책을 세상에 내보내는 것이 부끄럽지만, 그만큼 많은 분들과 나누고 싶은 이야기였습니다.
　제가 게스트하우스의 주인장으로 살아갈 수 있게 영감을 불어넣어 주는 모든 게스트에게 특히 감사의 마음을 전하고 싶습니다. 부디 즐거운 마음으로 게스트하우스를 만들고 운영한 저의 작은 이야기를 들어주시길 부탁드립니다.

 자, 이제 2011년으로 시간을 거슬러 저의 첫 게스트하우스, 홍대의 잠 게스트하우스 시절로 돌아가 볼까요.

2014년, 부산에서

김아람 드림

차례

Prologue | 게스트하우스를 다시 시작했습니다 • 004

PART 1
여행자의 집, 게스트하우스 준비하기

Chapter 1　나를 닮은 공간, 게스트하우스를 꿈꾸다　　018

A　청춘여행자의 종착지, 게스트하우스를 열기로 결심하다 ················· 020
　• 2011년, 홍대에 잠 게스트하우스를 열다 • 023

B　게스트하우스가 현대판 주막이라고? ··· 025
　• 게스트하우스 = 도미토리? 게스트하우스에는 꼭 도미토리가 있어야 할까? • 030

C　제주, 서울 찍고 전국으로! 게스트하우스의 붐이 오다 ····················· 033

Chapter 2　나를 알고 여행자를 알면 나만의 '집'이 보인다　　037

D　무턱대고 벌이기 전에 '자소서'부터 써보자 ···································· 038

E　게스트하우스는 숙박업? No! 서비스업? Yes! ································· 045
　• 잠 게스트하우스를 찾은 사람들 _ 마이 디어 게스트 스토리 • 052

F　백문이 불여일견! 먼저 여행자가 되어라 ·· 055
　• 게스트하우스 염탐의 법칙 • 057

Chapter 3 눈으론 정책을, 손으론 계산기를!   059

G 단칸방도 OK! 정부가 밀어주는 도시민박업 ·············· 060
   • Q&A로 알아보는 도시민박업 • 069
H 언제쯤 돈을 버는 거야? 손익분기점을 따져보자 ·············· 072
   • 게스트하우스 매출 목표를 정해보자! • 083

Chapter 4 한 손엔 사업계획서, 다른 손엔 지도를!   085

I 자본금에 따라 달라지는 게스트하우스 스타일 ·············· 086
J 빌리거나 사거나 짓거나 _임대, 매입, 신축 따져보기 ·············· 091
   • 5년 임대 계약한 잠 게스트하우스 부산점, 이렇게 시작했어요! • 096
K 부족한 창업 자금 구하기 노하우! ·············· 099
   • 말 많고 탈 많은 동업, 이렇게 한다 • 102
L "Where is it?" 예약을 부르는 입지 선정 노하우! ·············· 105
   • 위치를 선정할 때 고려해야 할 세 가지 • 116

PART 2
떠올리기만 해도 가고 싶은, 게스트하우스 만들기

Chapter 1 여행자의 마음을 사로잡는 공간 인테리어를 고민하라   120

M 주인장의 낡은 레코드판 하나가 콘셉트가 된다 ·············· 122
   • 주인장의 이야기를 담아내는 단계별 인테리어 전략 • 128

| N | 잠을 부르는 환경도 인테리어 전략이다 | 131 |

• 잠 게스트하우스 인테리어 스타일, 우리 집 같은 편안함 훔쳐보기 • 136

O	인테리어 업체와는 능동적으로 일하자	140
P-1	객실, 주방, 욕실을 채우는 필수 살림	147
P-2	주인장의 개성이 묻어나는 공간 살림과 소품	156

Chapter 2 공간을 만드는 과정부터 미래의 게스트와 공유하라   165

| Q | 남들 다 해서 더 어려운 홍보, 이것만은 챙기자 | 166 |
| R | 주인장이라면 반드시 알아야 할 온라인 홍보 채널 | 180 |

PART 3
하루하루가 실전! 시스템으로 운영하기

Chapter 1 D-30, 운영 방식과 나만의 콘텐츠로 기둥을 세우자   192

| S | 밑줄 쫙! 키워드로 살펴보는 운영 매뉴얼 | 194 |
| T | 나만의 프로그램 하나로 만족도와 추가 수입까지 UP! | 203 |

U 잘 만든 안내문 하나, 열 스태프 안 부럽다 ·············· 209
 • 게스트하우스 주인장의 하루 일과표 • 213
 • 알아두면 좋은 게스트하우스의 시즌별 주요 이슈 • 214

Chapter 2 D-day! 그래도 운영 시뮬레이션은 계속된다   215

V 청소도 과학이다! 청결 유지 시스템을 구축하라 ············ 216
 • 게스트하우스 청소의 달인이 되는 노하우 • 221
W Staff Wanted! 누군가와 함께 일하기 ·················· 223
 • 작은 게스트하우스만의 독특한 운영 방식_집을 통째로 게스트에게 맡기자! • 228
X 잘할 수 없는 것을 내세우는 게스트하우스는 금물! ········· 229
 • 실전 운영 노하우 Q&A _ "이럴 땐 어떻게 했어요?" • 233

Chapter 3 게스트하우스를 완성하는 그대, 오 마이 '게스트'   237

Y 작은 이벤트가 모여 '게스트' 하우스를 만든다 ············ 238

Z 후기는 주인장을 춤추게 한다 ························ 244

Epilogue | 오늘도 나는 게스트하우스 주인장입니다 • 248

책 속 부록 | 창업하는 사람이라면 기본적으로 알아야 할 사업자등록 • 250
     도시민박업 사업자가 알아야 할 세금 • 253

시작이 반이다! 어떤 게스트하우스를 만들까?

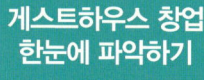

게스트하우스 창업 한눈에 파악하기

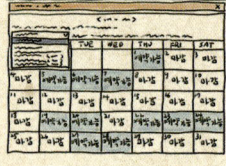

잘 만든 시스템, 10명의 스태프 안 부럽다! 운영/예약 시스템 만들기

이제 알리는 것만 남았다! 적극적·전략적으로 홍보하기

PART 1

여행자의 집, 게스트하우스 준비하기

Chapter 1

**나를 닮은 공간,
게스트하우스를
꿈꾸다**

A

청춘여행자의 종착지, 게스트하우스를 열기로 결심하다

여행자로 살아가고 싶었던 내게 게스트하우스는 오랫동안 품어온 꿈이었다. 그래! 마냥 놀기만 할 수는 없으니 나 같은 여행자들을 위한 게스트하우스를 만들자. 더도 말고 덜도 말고 여행을 지속할 정도의 수입을 얻고, 여행자들이 마음껏 드나들며 이야기와 에너지를 나누는 공간을 열어보자.

언젠가부터 내 안 깊숙이 강렬하게 자리한 결심은 언제 꿈을 실현할 거냐고 묻기 일쑤였다. 그래서 게스트하우스를 열어야겠다는 결심이 섰을 때는, 마치 손에 공을 쥐었으니 던져야 하는 야구선수처럼 자연스러운 책임감이 가슴에 차올랐다. 그러나 기쁨도 잠시, '게스트하우스를 해보자' 하며 설레던 마음은 곧 '대체 어떤 공간을 만들어야 하는 거지?'라는 질문으로 이어졌다.

언젠가 빈(Wien)에서 묵었던 저렴한 30인실 도미토리(Dormitory)의 모습과 낡았지만 온전히 나의 집 같았던 태국 한 바닷가의 방갈로(Bungalow), 호주 생활의 시작을 함께했던 백패커스(Backpackers)의 커다란 부엌, 프랑스 남부를 여행하다 만난 수녀원에서 운영하는 유스호스텔(Youth hostel)의 아리땁던 가구들……. 그리고 그 공간들에서 내가 보냈던 시간과 꿈들이 두서없이 머릿속을 채웠다. 이제는 수많은 경험과 기억을 끄집어내어 게스트하우스라는 공간에 잘 섞을 차례다.

2층 침대가 가득 들어찬 저렴한 도미토리는 주머니가 가벼운 여행자들에게 정말 달콤한 유혹이다. 그들은 생각한다. '누군가와 공간을 나누어 쓰는 것은 상관없어. 적은 돈으로 더 많은 날들을 여행하는 것이 더 중요해.'

반면 욕실까지 딸린 편안한 더블 룸은 프라이버시가 중요한 커플이나 부부에게 알맞고, 공용 욕실을 쓰더라도 방은 단독으로 사용할 수 있는 트윈 룸은 친구와 아늑한 시간을 나누기에 안성맞춤이다. 더블 룸이나 트윈 룸이 도미토리에 질린 사람들에게 달콤한 유혹일 수밖에 없는 이유다.

또 다른 기억이 떠오른다. 가난한 배낭여행자 시절, 뻔질나게 드나들었던 방콕의 카오산 로드(Khaosan Road). 거기서 조금만 걸으면 닿는 골목 귀퉁이에 게스트하우스가 하나 새로 오픈했다. 호객 행위도 없고 입구가 대로변으로 나 있지도 않아서, 약간은 의심스러운 좁은 골목을 푯말에 의지해 무심코 걸어 들어가다 보면 나오는 새하얀 집. 깨끗한 침구에 필요한 가구만 놓인 심플한 방. 에어컨은 없지만 커다란 팬이 시원하게 돌아가고 아침이면 햇살이 충분히 들어와 기분 좋게 눈을 뜨던 곳. 비록 욕실은 공동으로 사용했지만 그 역시 깔끔하고 넉넉해서 기다리는 일 한 번 없었다. 욕실을 함께 사용하는 대신 숙박비는 여느 개인실보다 훨씬 싸서 마음 편했던 그곳은 마치 또다른 내 집 같았다.

늘 그랬다. 저렴한 도미토리에서 많은 여행자들과 수시로 만나고 시끌벅적하게 이야기를 나눌 수 있는 공간도 좋지만, 나는 쉬어갈 수 있고 사색

할 수 있는 편안한 공간이 더 끌린다. 도미토리를 전전하는 힘든 여행 중 하루 정도는 나만의 방을 가지고 싶은 그 순간을 위해 존재하는 게스트하우스. 편안한 침대와 필요한 가구만 심플하게 놓았지만 휑하지 않고 정감 있는 방, 낯선 남의 집이 아니라 마치 친구 집에 놀러온 것처럼 마음 편하고 기분 좋은 공간을 만들자. 이렇게 '잠 게스트하우스'는 시작되었다.

2011년, 홍대에 잠 게스트하우스를 열다

홍대에서 시작한 '잠'은 작은 게스트하우스였습니다. 친구나 부부 2명이 머무르기에 알맞은 트윈 룸과, 작은 방 두 개가 연결되어 3~4명이 지내기 딱 좋은 공간을 마련하였습니다. 각 방에는 욕실이 있고, 모두를 위한 테라스와 주방은 주인장인 제가 제일 좋아하는 공간이었습니다.

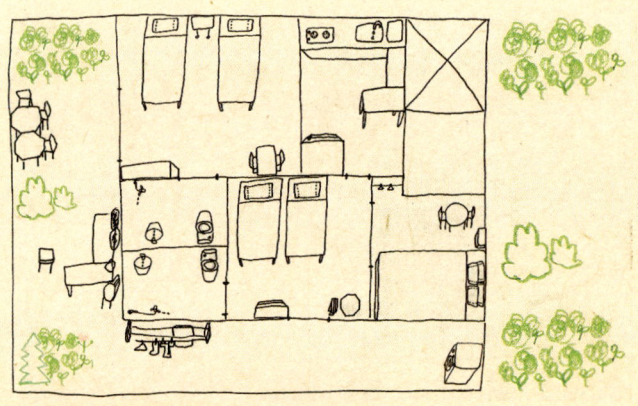

잠 게스트하우스 주인장은 만드는 것을 좋아합니다. 각 방마다 독특한 가구와 침대를 만들어 넣었고, 숙면을 돕는 베개와 따뜻하고 정갈한 침구도 준비했습니다.

하루 종일 햇살이 머무는 넓고 쾌적한 테라스에는 여행자들이 삼삼오오 모여 앉았습니다. 어느덧 아침 식사에도, 파티에도, 체조에도, 휴식에도 모두 알맞은 매력적인 공간, 차 한잔하며 여행을 음미하기 좋은 곳이 되었습니다.

집을 떠나온 당신에게 선물하는 집 같은 공간,
게스트하우스는 바로 그런 곳입니다.

— B —

게스트하우스가
현대판 주막이라고?

그렇다면 게스트하우스란 정말 무엇일까? 지금이야 제주부터 서울까지 전국적으로 붐이라지만 내가 게스트하우스를 시작했던 2011년만 해도 한국 땅에서 '게스트하우스'는 참 생소한 단어였다. 무일푼으로 열정만 가지고 홍대 앞에 문을 열었지만, 당시의 나 또한 게스트하우스가 무엇인지 확실히 대답하기가 어려웠다. 찾아온 손님들마저도 "게스트하우스가 대체 뭐예요?"라고 묻는 현실 앞에서 "여행 오는 외국인이나 지방에서 찾아온 내국인이 묵어가는 공간이지요"라고 두루뭉술하게 대답하곤 했다. 적절한 단어 하나로 정의를 내려 속 시원히 대답하고 싶은 마음이 늘 굴뚝같았고, 이런 질문을 받을 때마다 게스트하우스가 무엇인지 다시 한 번 생각하게 되었다.

    나는 종종 주막에 비유해서 게스트하우스를 설명하곤 한다. 흔히 사극에서 보는 것처럼 국밥 말아주고 방을 내어주는 주막은 가장 쉽게 떠올릴 수 있는 게스트하우스의 한 형태다. 주막을 호텔이나 하숙, 민박 같은 현

게스트하우스는 배낭여행자들에게 잠자리와 아침 식사, 여행 정보를 제공하긴 하지만 호텔이나 모텔처럼 24시간 손님을 맞이하는 것이 필수는 아니다.

대 숙박업의 뿌리라고만 보는 건 심심한 해석이다. 주인장이 밥도 차려주고 방도 내어주며 묵어가는 사람들이 욕실이나 거실을 함께 사용하는 점에 비춰보면, 주막은 요즘의 게스트하우스와 가장 유사하다. 더군다나 그 시대의 주모가 동네 정보통이었던 것처럼 지금의 게스트하우스 주인장들도 나름 지역의 정보통이다. 그들은 타지에서 온 사람들의 궁금증을 풀어주어야 하기에 동네의 잡다한 정보까지 모아둔다. 또 게스트의 특별한 요청이 없어도 자꾸 무언가를 주고 싶은 마음이 그들에겐 늘 샘솟는다. 남 일에 관심 없다던 사람도 게스트하우스 주인장이 된 이후 변해가는 걸 보면, '그들에게는 주모의 피가 흐르고 있나' 하는 재미있는 생각도 든다.

되돌아보니 10년이 넘는 시간 동안 수없이 외국을 여행했지만 딱히 게스트하우스라고 이름 붙여진 곳에 묵었던 적은 손에 꼽을 정도다. 대신 그와 성격이 비슷한 숙소를 많이 만났다. 호스텔(Hostel), 유스호스텔(Youth hostel), 백패커스(Backpackers), 비앤비(B&B, Bed And Breakfast) 등은 게스

· chapter 1 나를 닮은 공간, 게스트하우스를 꿈꾸다 ·

특정한 나라에서는 호스텔이나 유스호스텔이 주로 대형 숙소를 의미하는 반면 게스트하우스는 그보다 작은 규모이며 대체로 개인이 예약제로 운영한다.

트하우스와 거의 비슷한 서비스를 제공한다. 즉 게스트하우스라는 이름이 가진 '배낭여행자를 위한 숙소'에 딱 들어맞는 곳인 것이다. 다만 특정한 나라에서는 호스텔이나 유스호스텔이 주로 대형 숙소를 의미하는 반면 게스트하우스는 그보다 작은 규모이며 대체로 개인이 예약제로 운영한다. 더불어 게스트하우스는 배낭여행자들에게 잠자리와 아침 식사, 여행 정보 등을 제공하지만 호텔이나 모텔처럼 24시간 손님을 맞이하는 것이 꼭 필수는 아니다.

전 세계에서 가장 다양한 여행자들이 모인다는 방콕의 카오산 로드에서는 호스텔, 유스호스텔, 백패커스, 비앤비 혹은 게스트하우스란 이름을 단 다양한 숙소들을 볼 수 있다. 그곳들 중 나는 게스트하우스에서 조금 더 다정한 주인장들을 만났다. 내가 찾았던 게스트하우스는 스태프가 주로 손님을 상대하는 대형 호스텔이나 체인으로 운영되는 게스트하우스가 아니었다. 작고 때론 불편하기도 했지만 마치 내 집처럼 느껴졌던 게스트하우스에는 자신의 삶이 배어난 공간을 만들어가는 주인장들이 있었기 때문이리라. 이러한 경험이 모여 자연스럽게 나에게 게스트하우스란 개인적이고 다정한, 마치 사극 속의 주막 같은 공간이 되었다.

결국은 여행자의 집, 게스트하우스

전국 여기저기 생겨나는 게스트하우스들은 요즈음 들어 형태가 더욱 다양해지고 있다. 주택이나 빌라를 통째로 개조하여 싱글 룸, 더블 룸과 함께 여러 명이 공용으로 사용하는 도미토리를 고루 갖추어놓은 호스텔 형식의 게스트하우스도 있고, 아파트를 한 채 임대하여 사용하는 경우도 있다. 카페나 갤러리, 기념품 가게 등 별도의 공간을 추가적으로 운영하는 곳도 생겨났다. 뿐만 아니라 공들인 인테리어와 설비로 디자인 호텔 혹은 부티크 호텔 못지않다는 평을 받는 게스트하우스도 적지 않다.

도미토리로 가득한 10층짜리 건물이든 방이 두 개밖에 없는 작은 집이든, 한국에서 게스트하우스는 그 형태보다는 내용에 더 큰 무게를 실을 수 있는 숙박시설이다. 달랑 열쇠를 건네받고 나면 스스로 독립 혹은 고립되는 호텔이나 모텔과는 다르다. 게스트하우스에서는 주인장이 손님에게 이야기를 건네고 그 나라, 그 지역의 문화를 자연스레 알릴 수 있기 때문이다. 게다가 게스트하우스의 거실이나 주방 같은 공용 공간은 다소 경직되곤 하는 호텔의 로비와 달리 여행자를 편안하게 만드는 힘이 있다. 이 공용 공간에서는 누구나 자연스럽게 이름을 묻고 이야기하며 맥주 한잔을 나눌 수 있다. 더 나아가서는 마음이 맞는 여행자들끼리 동네 산책을 나서기도 한다. 게스트하우스는 대도시에서 작은 마을로 갈수록 여행자뿐만 아니라

마을 사람들까지 드나드는 공간, 즉 교류 공간에 가까워진다. 이러한 경우에도 분명한 것은 주인장의 성격이나 지역적 특성과는 별도로, 게스트하우스에는 늘 여행자들의 교류와 소통이 존재한다는 점이다.

오랜 세월 여행자로 살아왔고 결국은 게스트하우스 주인장까지 된 내게 게스트하우스란 바로 '여행자의 집'이다. 게스트하우스에서 만나 평생을 연락하고 지내는 친구가 되든, 아니면 그날 하루 마음 든든한 조력자가 되든 간에 이는 게스트하우스를 만났기 때문에 가능한 일이다. 여행자 친구를 만나고 함께 그 순간을 공유할 수 있게 하는 특별함이 있는 곳, 그곳이 바로 게스트하우스다.

게스트하우스 = 도미토리?
게스트하우스에는 꼭 도미토리가 있어야 할까?

여행자를 위한 시설과 분위기를 갖추고 있다면 어떤 형태의 숙소라도 게스트하우스라는 이름을 내걸 수 있다. 하지만 게스트하우스라고 하면 대부분 도미토리를 떠올리는 것이 현실이다. 도미토리는 침실 공간에 2층 침대를 들여놓아 보통 6명 정도의 인원이 묵을 수 있게 한 형태다.

도미토리는 한정된 공간을 많은 수의 사람이 공유하는 형태인 만큼 상대적으로 저렴한 숙박료로 이용할 수 있다. 또한 도미토리를 이용하는 사람들은 침실뿐만 아니라 욕실과 주방, 거실을 공용으로 사용해야 한다. 이렇다 보니 다른 여행자들과 교류가 잦고, 자연스레 여행자들이 어울리는 자유로운 여행 문화를 만들어왔다는 평도 있다. 이런 까닭에 도미토리는 게스트하우스의 전형처럼 여겨져온 것이 사실이다.

'게스트하우스=도미토리'라는 공식이 각인된 데에는 현대식 게스트하우스의 개념이 서양의 문화에서 영향을 받았기 때문이라는 주장도 있다. 공간 구조상 비교적 천장이 높고 방이 큰 서양에서는 2층 침대를 갖춘 도미토리를 만들기가 쉽다. 또한 실용성을 강조하는 서양인들에게 도미토리는 좁고 불편한 공간이라기보다는 공용 공간을 이용함으로써 저렴하게 숙박할 수 있는 곳이라는 이미지가 강하다.

그러나 방이 좁고 천장이 낮은 우리네 주택은 구조상 도미토리로 활용할 수 있는 최적의 공간은 아니다. 신축 게스트하우스의 경우 도미토리를 염두에 두고 공간을 구성하겠지만, 기존의 주택을 개조하거나 공간을 임대할 경우에는 고민이 필요하다. 이때는 2층 침대가 놓인 전형적인 도미토리를 없애는 것도 하나의 차별화 전략이 될 수 있다. 도미토리 없이 개별실만 운영하거나 2층 침대 대신 싱글 침대를 네 개 정도 놓아 도미토리를 구성할 수도 있다.
  도미토리는 게스트하우스의 상징적인 공간이지만 필수는 아니다. 그러므로 게스트하우스는 어떤 형태여야만 한다는 고정관념은 버리자. 여행자의 필요와 주인장 자신이 꿈꾸는 공간상을 연결시킨다면 다른 게스트하우스와 차별화되는 멋진 공간을 탄생시킬 수 있을 것이다.

C

제주, 서울 찍고 전국으로!
게스트하우스의 붐이 오다

내가 처음 국내 게스트하우스를 찾은 것은 제주도에서였다. 올레길이 걷기 좋다며 주변 사람들이 하나둘씩 여행을 떠나기에 나도 홀로 제주도로 떠났던 2010년의 어느 날이었다. 혼자서 꽤 긴 코스의 올레길을 걷다가 어느 갤러리에서 우연히 같은 게스트하우스로 향하는 여행자를 만났다. 혼자서는 쑥스러워 선뜻 찾지 못했던 제주도 돼지고기 맛집에 들러 함께 식사를 하고 게스트하우스에 도착하니 금방 저녁이 되었다. 비수기였음에도 게스트하우스에는 꽤 많은 사람이 묵고 있었고, 그곳에서 만난 또래의 나 홀로 여행자 3명과 함께 다음날 일정을 함께 할 수 있었다. 그 후 나는 제주도를 찾을 때면 당연한 듯이 그 게스트하우스를 예약하곤 한다. 몇 번 묵었더니 주인장이 얼굴도 기억해주고 동네 분위기에도 익숙해져서 지금은

◀ 게스트하우스의 거실이나 주방 같은 공용 공간은 다소 경직되곤 하는 호텔의 로비와 달리 여행자들이 서로 어울리게 하는 힘이 있다. 전국적인 게스트하우스 붐은 이렇듯 여행자들이 자유롭게 어울리는 여행 문화에서 시작됐다.

제주도가 먼 여행지라기보다 친척이 사는 시골처럼 느껴질 정도다.

생각해보면 주로 해외로 여행을 떠났던 내가 제주도를 찾기 시작했던 것은 바로 게스트하우스 문화 때문이었다. 내가 해외여행을 시작한 10여 년 전만 해도 국내에는 홀로 여행하는 사람이 지금처럼 흔치 않았고, 가난한 여행자가 안전하게 숙박할 곳도 많지 않았다. 그러나 유럽, 태국, 중국, 호주 등지를 여행했을 때는 저렴한 가격으로 게스트하우스에 묵으며, 막 만난 사람과 자연스레 마주 앉아 밥을 먹거나 술잔을 나누는 것이 일상이었다. 그랬던 것이 제주도를 시작으로 전국적으로 게스트하우스가 들어서면서 국내 곳곳을 천천히 걸으며 사람들과 시간을 나누는 여행이 가능해진 것이다. 본격적으로 알려지기 시작한 지 겨우 5년에 불과한 걸음마 단계의 사업이지만 게스트하우스는 빠른 속도로 우리 여행 문화의 주축으로 자리를 잡고 있다.

살펴보자, 전국 게스트하우스 붐

서울 홍대 지역에 게스트하우스를 열겠다고 마음을 먹었던 2011년 당시, 이미 제주도에는 꽤 많은 게스트하우스들이 문을 열었다. 도시를 벗어나 새로운 터전을 찾아 제주도로 떠나간 사람들이 올레꾼과 나홀로 여행자를 대상으로 게스트하우스 문화를 확산시키는 단계였다. 그러나 당시 서울에는 게스트하우스가 서서히 생기는 정도였고, 어느 지역에 몇 개의 게스트하우스가 있는지, 조금만 관심을 가져도 알 수 있는 수준이었다.

그러나 2013년에 들어서면서 판도가 달라졌다. 특히 외국인 여행자들에게 사랑받는 홍대 지역, 그것도 공항철도역을 끼고 있는 연남동과 서교동의 골목을 산책할 때면 '앗, 여기도?'라는 말이 절로 나올 정도로 하루가 멀다 하고 게스트하우스가 생겨났다. 2014년 8월까지 정식으로 등록된 게스트하우스가 서울에만 500여 개 특히 마포구에만 130여 개가 넘는다고 하니 이것을 신드롬 혹은 붐이 아니면 무엇이라고 표현할 수 있을까.

이처럼 게스트하우스가 붐을 이루게 된 것은 한국을 찾는 외국인 관광객의 증가와도 관련이 깊다. 한국을 찾는 외국인 관광객은 2006년 615만 명 수준이었지만 2013년에는 두 배나 늘어나 1217만 명을 기록했다. 게다가 서울을 찾는 외국인 중 다수가 게스트하우스에 묵는다고 하니 홍대 이외에 종로, 북촌, 남산, 동대문 등지에도 게스트하우스가 급속히 늘어나는 현상을 이해할 수 있을 것이다.

또한 내국인 여행자가 절대 다수를 차지했던 제주도에도 외국인 여행자의 비율이 점차 늘어나고 있다. 제주관광협회에 따르면 제주도 관광객은 2006년에는 약 500만 명이던 것이 2013년에는 거의 두 배 수준인 약 1000만 명으로 증가했다. 이중 내국인과 외국인 여행자의 비율은 10대 1 수준에서 2013년 8대 2 정도의 비율로 변했다.

게스트하우스가 밀집된 서울과 제주도라면 매우 전략적이고 신중한 접근이 필요하지만 그 외 지역이라면 지금 게스트하우스 사업을 시작해도 성공 가능성이 높다. 우선 대도시에 비해 상대적으로 저렴한 비용으로 공간을 구할 수 있고, 지역의 독특한 색을 게스트하우스에 입힐 수 있다는 장점이 있다. 무엇보다 서울이나 제주에 비해 경쟁해야 하는 게스트하우스의 수가 적다. 여행자의 입장에서는 KTX로 빨라진 여행길을 따라 어느 날

훌쩍 다른 도시로 떠나서 여행을 즐기고, 혼자서도 부담 없이 게스트하우스에서 하루를 보내고 돌아온다면 얼마나 기분 좋게 즉흥 여행을 완성할 수 있겠는가.

예전보다 훨씬 많은 수의 게스트하우스가 다양한 지역에 생겨나기 시작한 것은 긍정적인 신호가 아닐 수 없다. 부산의 해변가에 빼곡하던 모텔 건물들이 하나둘씩 게스트하우스로 변신하기 시작했고, 빼어난 경관과 싱싱한 해산물로 여행자를 사로잡는 통영이나 남해에서도 이제는 쉽게 게스트하우스를 만날 수 있다. 전주, 여수, 경주, 군산, 목포, 속초, 양양, 동해 등 관광지는 물론이고, 국제공항이 위치한 인천, 교통의 요충지 대전과 대구 같은 도시에도 게스트하우스가 문을 열고 있다. 그야말로 지금, 전국적인 게스트하우스 붐이 불고 있는 것이다.

여행을 몇 번 해본 사람이라면 숙소 선택에 따라 여행의 질이 달라지는 것을 경험해보았을 것이다. 게스트하우스는 기분 좋게 여행을 시작하는 출발점이자, 여행을 만끽하는 과정이자, 즐거웠던 일탈의 시간을 마무리하는 종착점의 역할을 한다. 여기에 저렴한 숙박료도 큰 매력이다. 또한 게스트하우스는 여행지 곳곳의 장소들과 여행자를 연결하고 그 지역을 다시금 방문하도록 유도한다. 마땅히 잘 만한 곳이 없다면 여행자는 그 지역에 길게 머물며 추억을 쌓을 기회를 잃고 그저 한 번의 여행 경험으로 만족하고 말 것이다. 앞으로 더욱 다양하고 매력적인 게스트하우스가 전국에 많이 생겨 여행자들을 따스하게 맞이해주었으면 하는 바람이다.

Chapter 2

**나를 알고
여행자를 알면
나만의 '집'이
보인다**

D

무턱대고 벌이기 전에 '자소서'부터 써보자

스토리텔링은 가장 차별되는 나만의 재산이다

지난 몇 년 사이 제주도와 서울을 중심으로 게스트하우스가 부쩍 늘어나면서 이제는 게스트하우스를 만드는 데도 특별한 전략이 필요한 시대가 되었다. SNS를 이용해 적극적인 홍보를 하고, 마케팅 대행 업체를 활용하거나 이벤트 진행에 꾸준히 비용을 들이는 일은 이제 사업 운영의 기본적인 전략이라 할 수 있다.

하지만 내실 없이 홍보만 열심히 한다고 해서 장사가 잘되는 것은 아니다. 처음에는 적극적인 홍보에 혹해서 게스트하우스를 찾아오는 손님들도 있을 것이다. 그러나 그들은 생각보다 시설이 좋지 않다거나 딱히 다른 게스트하우스와 차별화되는 점이 없다는 것을 알아채면 다시 발걸음을 하지 않는다. 더군다나 지금은 엎어지면 코 닿을 곳에 게스트하우스들이 우후죽순처럼 생겨나는 때가 아닌가. 손님이 다시 찾는 게스트하우스를 만들기 위해서는 이곳이 특별하다는 느낌을 주어야만 한다. 다행히도 그 특별함이라는 것에는 다양한 형태가 있다. 우선 게스트하우스를 운영할 나 자신에 집중하라! 내가 가지고 있는 특징을 잘 분석하고 그 특징을 상대방이 이해하기 쉽도록 잘 풀어서 게스트하우스를 운영하는 것, 그것이 바로 게스트하우스를 특별하게 만드는 전략 넘버원이다.

　일단은 내가 살아온 이야기 그리고 주인장이 되어 전달하고자 하는 이야기를 꺼내, 게스트하우스라는 공간을 다양하게 연출할 수 있도록 차곡차곡 전략을 짜보자. 나의 경우 어린 시절부터 늘 여행자로 살아왔기 때문에 '여행자가 만든 여행자의 집'이란 콘셉트를 쉽게 발견할 수 있었다. 사실 처음에는 게스트하우스라는 것이 당연히 여행자들이 모여드는 집인 만큼 이것이 무슨 특징이 될까 싶었다. 더군다나 세계여행을 하고 돌아오는 사람이 부지기수로 많아지는 이 시점에 '누구나 가질 법한 특징을 내세우는 것이 과연 의미가 있을까' 하고 반문했던 적이 한두 번이 아니었다. 하지만 정의가 형태를 만들고 말이 사람을 따라가는 것일까? 신기하게도 이

내용을 하나의 콘셉트로 강조하게 되자 사람들은 잠 게스트하우스에서 더욱 확실하게 '여행'을 느끼고 돌아가게 되었다.

주인장인 나 역시 잠 게스트하우스를 여행자의 집에 걸맞은 공간으로 만들기 위해 나의 여행 경험을 늘 곱씹고 작은 부분까지도 여행자의 시선으로 바라보기 위해 노력했다. 공간을 꾸미는 데 있어서도 여행의 경험이 절대적인 영향을 미쳤다. 특히 태국과 캄보디아 여행을 함께했던 한 미국인 친구의 여행 습관은 큰 힌트가 되어주었다. 그 친구는 긴 산행이나 고된 이동으로 피로가 쌓일 때마다 꼭 에어컨이 빵빵하게 나오는 비싼 방을 얻어 시원한 하루를 자신에게 선물했다. 동남아에서도 싸기로 유명한 도미토리를 전전하던 그로서는 과감한 선택이었다. 긴 여행 중에 꼭 필요한 환기라고, 일하는 것만큼 여행하는 것도 피곤할 때가 있다고 말하면서 선뜻 에어컨 달린 방을 얻는 그를 보면서 나는 다양한 여행의 형태와 숙소가 가지는 의미를 어렴풋이 깨달을 수 있었다. 그러한 깨달음은 여행자가 편안히 쉬고 잠들 수 있도록 냉난방뿐만 아니라 습도도 민감하게 관리하자는 잠 게스트하우스의 중요한 운영 원칙으로 발전했다.

이러한 여행 경험을 바탕으로 나는 많이 걷고 많이 돌아다니고 많은 사람을 만나는 여행자가 문득 혼자 편안하게 있고 싶은 순간을 위한 게스트하우스를 만들기로 결정했다. 약간의 비용을 더 내더라도 꼭 이곳에서 묵고 싶다고 느낄 만큼 편안한 공간을 만드는 것을 목표로, 가격에 맞는 분위기와 서비스를 갖추기 위해 노력했다. 이러한 노력이 전해졌는지 긴 여행의 고단함을 풀고 차분한 시간을 가지고 싶어 하는 개별 여행자 혹은 가족 단위의 여행자들이 주로 잠 게스트하우스의 단골 고객이 되어주었다.

물론 게스트하우스 주인장이라고 해서 무조건 여행에 일가견이 있을 필

집을 떠나온 여행자에게는 게스트하우스가 곧 여행의 일부다. 시간과 돈을 투자하여 여행에 대한 큰 기대를 안고 떠나오는 사람에게 특별한 콘셉트가 있는 게스트하우스는 여행지에서의 설레는 만남인 동시에 그 자체로 여행의 일부가 되기도 한다.

요는 없다. 맛있는 요리를 만드는 주인장, 반려동물을 좋아하는 주인장, 서핑이 취미인 주인장처럼 자신의 경험과 이야기가 곧 나만의 게스트하우스를 만드는 포인트라는 것을 기억하자.

콘셉트가 있는 게스트하우스는 여행자에게 선물이 된다

주인장의 특징을 잘 살려 자신만의 콘셉트를 가진 게스트하우스는 기본적인 홍보만으로도 오래 살아남는다. 가령 동네의 터줏대감인 할머니가 매일 맛있는 아침상을 차려주는 한옥 게스트하우스가 있다면 자연스럽게 그런 경험을 원하는 사람들이 몰려들 것이다. 나만의 게스트하우스 콘셉트를 세우는 일은 남과는 다른 아주 작은 특징만으로도 충분하다. 물론 입소문이 되었건 주인장이 운영하는 블로그가 되었건 게스트하우스의 존재를 알리기 위해 소통의 창구를 열어두는 것은 필수다.

기본적인 홍보와는 별도로 작은 게스트하우스를 잘 운영하는 데 필요한 것은 거창함보다는 독창성이다. 주인장에게도 이런 전략이 더 편안하다. 다시 말해 자신이 잘할 줄 모르는 일들을 억지로 해나갈 필요 없이 미리 짜놓은 콘셉트에 맞춰 자신의 모습 그대로 행동하면 그것으로 충분하니 말이다. 그것이 내가 좋아하는 일이든, 내가 바라거나 꿈꾸던 일이든 혹은 그냥 나 자신이든 간에 주인장의 생각과 특징을 게스트하우스에 잘 녹여내면 된다. 혼자서 콘셉트를 잡기가 힘들다면 가족과 머리를 맞대고 고민을 해도 좋고 게스트하우스 창업 컨설턴트 같은 전문가의 도움을 받아도 좋다. 그러나 가장 중요한 것은 나를 찬찬히 돌이켜보며 내 안에서 답을 찾는 일이다.

집을 떠나온 여행자에게는 게스트하우스가 곧 여행의 일부다. 시간과 돈을 투자하여 여행에 대한 큰 기대를 안고 떠나오는 사람에게 특별한 콘셉트가 있는 게스트하우스는 여행지에서의 설레는 만남인 동시에 그 자체로 여행의 일부가 되기도 한다. 따라서 늘 같은 모습의 도미토리와 전형적인 스타일의 인테리어가 아닌, 나만의 이야기를 담은 게스트하우스를 만드는 일은 게스트하우스를 찾는 여행자에 대한 배려다. 여행자에게는 게스트하우스가 담고 있는 작은 이야기와 주인장이 건네는 말 한마디가 곧 여행지에서의 추억이 될 수 있음을 잊지 말자.

주인장의 특징을 살린 다양한 게스트하우스 아이디어

요리가 특기인 주인장이라면 조식을 강조하라

요리를 잘하거나 남에게 밥을 차려주는 것이 즐겁다면 조식이 근사하게 차려져 나오는 게스트하우스는 어떨까? 더 나아가서는 주기적으로 한국 가정식 요리 수업을 운영하는 게스트하우스를 꿈꿀 수도 있다.

청소와 빨래가 주특기라면 청결함을 뽐내자

청소와 빨래에 일가견이 있다면 청결함과 위생을 강조한 게스트하우스를 만들 수 있다. 위생 상태가 좋은 숙박업소가 신뢰를 얻는다.

반려동물과 함께 여행하는 콘셉트는 특별하다

동물을 너무 사랑해서 여러 마리의 반려동물과 함께 사는 사람이라면 동물과 함께하는 게스트하우스를 꿈꿔보자. 강아지를 데리고 동네 한 바퀴를 산책하는 프로그램을 만든다면 여행자에게 새로운 즐거움을 제공할 수 있을 것이다.

대가족이 모여 사는 종갓집이 곧 콘셉트다

대가족이 모여 사는 집이라면 외국인 전용 게스트하우스를 만들어 한국의 가족문화를 체험해보게 할 수도 있다.

여행을 사랑하는 노부부의 연륜을 담아라

오랜 기간 세계여행을 즐겨온 노부부라면 세계 각지의 기념품을 활용하여 게스트하우스에서 작은 전시회를 열어도 좋다.

커피 전문가가 만들어 더 향기롭다

커피를 사랑하는 사람이거나 바리스타라면 게스트에게 정성 들여 내린 커피 한 잔을 제공해보자. 여행자가 잠시나마 고요한 여유를 만끽할 수 있는 게스트하우스를 만들 수 있을 것이다. 이 경우 게스트하우스와 연결된 별도의 카페를 운영해도 좋다.

E

게스트하우스는 숙박업? No!
서비스업? Yes!

여행자가 필요한 것을 갖춘 게스트하우스가 잘된다

숙소가 필요한 여행자에게 잠자리와 씻을 곳을 제공하는 게스트하우스는 기본적으로 숙박업소에 해당한다. 그러나 주인장이 여행자와 소통하면서 그의 일이라면 항상 발 벗고 도와주고 때로는 친구가 되어 어울린다는 점에서 게스트하우스는 단순 숙박업소와는 다르다. 다시 말해 아무리 좋은 인테리어로 훌륭한 객실을 만들었다 하더라도 마음 깊은 곳에서 우러나오는 서비스가 갖추어지지 않는다면 여행자를 위한 게스트하우스로서는 장기적인 승산이 없다. 지금까지 생겨난 수많은 게스트하우스 중 지속적으로 많은 사람의 사랑을 받는 곳 대부분이 주인장의 진심이 묻어나는 곳이라는 점만 봐도 쉽게 알 수 있다. 따라서 게스트하우스 주인장이 되기 위해서는 여행으로 지친 몸의 피로를 풀며 다음 여정을 기약할 수 있는 곳이자 다양한 사람들과 만나는 교류 장소인 게스트하우스의 공간적 특성을 항상 인지해야 한다.

다음 두 곳의 게스트하우스가 있다고 상상해보자. 한 곳은 게스트하우스 중에도 인테리어가 뛰어나 입소문이 난 곳이다. 도미토리에 2층 침대를 놓는 대신 널찍한 공간에 단층 침대를 두어 편안함을 추구했다. 세련된 인테리어와 공간 구성이 언뜻 보면 호텔을 닮았다. 다른 한 곳은 인테리어나 서비스에 그다지 신경을 쓰지 않는 곳이다. 대신 배낭여행자를 위한 공간으로, 활기찬 여행자 숙소로 소문난 곳이다. 여기까지 들으면 왠지 깨끗하고 고급스런 인테리어의 게스트하우스가 항상 붐빌 것 같다. 하지만 다시 들여다보자.

인테리어가 멋진 게스트하우스의 주인장은 감정적이고 까다롭다. 예약한 체크인 시간에 게스트가 도착하지 않으면 짜증을 내지만 일단 체크인을 한 뒤에는 무신경하기 일쑤다. 멋진 객실을 배정받았다고 하더라도 체크인할 때 마주했던 주인장의 불만스러운 표정이 게스트의 마음에 남는다. 이 게스트하우스는 좋은 객실이 될 수는 있겠지만 좋은 게스트하우스가 될 수는 없다.

배낭여행자를 위한 공간인 다른 게스트하우스를 들여다보자. 주인장은 밤마다 원하는 게스트들과 함께 동네 한 바퀴 산책을 하는 것으로 유명하다. 산책하다가 맥주 한잔 마실 수 있게 잔돈을 챙기라는 주인장의 말을 따라 게스트들은 슬렁슬렁 동네 산책을 나선다. 주인장은 동네의 이곳저곳을 설명해주고 편의점 야외 테이블에 앉아 함께 맥주를 마시거나 노점에서 떡볶이를 먹는 '체험'을 제공한다. 비록 침대는

혼자서 다 마신건 아닙니다...

좁고 불편하지만 일명 '맥주 떡볶이 산책'이 여행자로 하여금 최고의 게스트하우스를 만났다는 기분을 갖게 한다.

위의 두 게스트하우스 중 어느 하나가 옳고 다른 하나가 그르다고 할 수는 없다. 하지만 여행자의 입장에서 게스트하우스에 바라는 것이 무엇인지 고민하고 주인장의 진심을 제대로 전달하고 싶다는 마음가짐은 분명 중요하다. 여행자에게 얼마나 필요한 것들을 제공할 수 있을지, 어떤 것이 그들에게 필요할지 고민해보자.

자신의 경험을 떠올려서 여행자를 파악해보자

여행자가 되어보면 그들에게 무엇이 필요한지를 저절로 알게 된다. 특히 모든 것이 다 갖춰진 패키지여행보다는 여행비도 숙소도 왠지 부족한 듯한 배낭여행을 해보면 어느덧 미처 깨닫지 못했던 여행자를 위한 서비스가 떠오르기 마련이다. 도보여행 중 갑자기 만난 비에 대처할 수 있는 우비나 우산처럼 어떤 것들이 여행자에게 꼭 필요하고 유용한지, 여행 도서나 대중교통 시간표, 동네의 산책로나 늦게까지 여는 가게 정보 등 공용 거실에 어떤 것을 두면 큰 도움이 될 수 있는지, 동네 투어나 맛집 탐방과 같이 어떤 체험이 여행을 잊지 못하게 만드는지에 대한 팁을 얻을 수 있다.

역지사지의 마음가짐은 사업에서도 마찬가지다. 상대방의 마음을 알지 못하면 좋은 서비스를 제공하기 어렵다. 전 세계인이 공감할 수 있는 기본적인 위생 상태나 친절의 기준 외에도 손님을 위한 감동 코드를 만들어보자. 중국인 손님이 주를 이루는 게스트하우스라면 그들이 자주 마시는 차와 뜨거운 물을 언제든지 사용할 수 있도록 준비하고 도미토리가 많은 게스트하우스라면 각자의 침대에서 자신만의 시간을 가질 수 있도록 침대 안에 조명, 옷걸이, 귀중품 보관함 등을 준비한다.

여행자에게 필요한 것이 무엇인지는 그 게스트하우스가 위치한 지역이 어디인가, 동네가 어떤 특색을 가지고 있는가에 따라 달라질 수 있다. 가령 가장 가까운 슈퍼에 가기 위해 20분을 걸어야 한다면 게스트하우스에 간단한 음료나 음식을 파는 매점을 운영하거나 자판기를 설치하는 것만으로도 굉장한 서비스가 된다. 24시간 편의점이 많은 도심의 게스트하우스라면 편의점을 잘 찾아가는 법, 한국에서 편의점을 이용하는 법, 기본적인 한국어 팁이 적힌 지도 한 장을 정성스레 준비하는 것이 여행자에게 특별한 경험을 선사하는 일이 된다.

프라이버시를 지키고 싶다

도미토리의 경우 침대에서만이라도 게스트의 프라이버시를 지킬 수 있도록 해주는 것이 좋다. 각 침대마다 커튼을 달아서 남의 시선에 대한 걱정 없이 편히 잘 수 있는 개별 공간을 만들어주자.

든든한 가이드가 필요하다

낯선 타국 땅, 모든 것이 처음인 여행자에게 가장 중요한 것은 게스트하우스가 위치한 동네와 주변 시설을 설명해주는 것이다. 대중교통 이용법부터 가까운 역, 버스와 지하철 시간표 그리고 시장과 쇼핑센터, 이른 아침부터 늦은 밤까지 이용할 수 있는 주변 시설을 한 장의 지도로 만들어보자. 이 지도에 적힌 내용을 친절히 안내해주는 것은 여행자에게 현지 가이드를 붙여주는 것만큼 유용한 일이다.

현지 사람들의 살아가는 모습이 궁금하다

아무리 가이드북을 독파했다 하더라도 여행지란 여행자에게 늘 미지의 공간, 미지의 문화이다. 그들에게 우리가 생각하는 진짜 한국, 삶이 숨 쉬는 지역을 소개하자. 여행자가 가보면 좋을 다양한 종류의 문화 행사, 박물관과 미술관의 전시 일정, 축제뿐만 아니라 근처 재래시장이나 숨겨진 동네 맛집도 훌륭한 정보이다. 주인장에겐 쉽고 평범한 정보가 여행자에겐 황금 같은 선물일 수 있다.

다양한 나라에서 온 각양각색 게스트의 성향

게스트하우스가 익숙한 유럽 게스트

유럽에서 온 여행자는 연령에 관계없이 게스트하우스 문화에 익숙한 편이다. 유럽을 여행할 때 흔히 볼 수 있는 유스호스텔이나 게스트하우스, 비앤비를 그들도 자주 이용하기 때문이다. 젊은 층이라면 도미토리도 무난한 선택이겠지만 연령대가 높은 게스트라면 아무래도 개별실을 선호하는 편이다. 화장실과 같은 공용 공간을 함께 쓰는 정도의 개별실이라면 충분히 편히 지내다 갈 수 있다.

의외로 배낭여행에 익숙하지 않은 미주 게스트

미주에서 온 사람들은 생각보다 배낭여행 문화를 낯설어한다. 도미토리의 뜻 그대로, 그들은 게스트하우스의 도미토리 하면 기숙사의 모습을 떠올린다. 게스트하우스 문화에 익숙한 젊은 층이라면 큰 고민 없이 도미토리를 선택하지만 가족 단위의 여행자나 중

년층의 경우 호텔 혹은 개별실을 갖춘 게스트하우스를 선호하는 편이다.

한류 따라 여행 온 동남아 게스트

동남아에서 온 젊은 여행자 중 다수가 한류의 영향으
로 한국을 찾은 이들이다. 좋아하는 한국 가수의 콘서
트도 보고 겸사겸사 한국을 여행하려는 것이다. 동남아에서 한국의 이미
지가 좋은 편이고 쇼핑의 천국이라는 명성이 있어 많은 동남아 사람이 도
심 속 쇼핑 여행을 즐긴다. 특히 젊은이들이 많이 여행을 오기 때문에 가
격 대비 위치와 시설이 좋은 숙소를 검색해서 찾는 경우가 많다. 가족 단
위의 동남아 여행자들은 단체 여행객이 아니더라도 호텔을 찾곤 하는데,
독채 형태의 레지던스형 게스트하우스라면 그들에게 또 하나의 선택권이
될 수 있다.

관광 잠재력이 넘치는 중국 게스트

아직까지는 한국을 찾는 중국인 여행자 중 개별 여행자의
비율은 그다지 크지 않다. 중국인들은 대부분 일정한 규모
로 여행사를 따라 단체로 움직인다. 중국인을 게스트로 맞이할 때 염두에
두어야 할 것은 중국어가 다른 언어보다 시끄러운 면이 있고 단체로 모여
있는 경우에는 더욱 목소리가 높아지는 경향이 있다는 점이다. 따라서 중
국 게스트를 맞이할 때는 중국어로 확실하게 필요한 사항을 전달하는 것
이 좋다. 중국인 단체 손님을 받고 싶다면 도미토리를 과감하게 포기하는
것도 한 방법이다. 2~4인실을 만들어 적어도 25명 이상을 수용할 규모를
갖춘다면 단체 여행객들에게 통째로 게스트하우스를 빌려줄 수 있다.

한국 여행엔 도가 튼 일본 게스트

약간의 비용이 들더라도 도미토리보다는 개별실을 선호하는 일본 여행자들은 이제까지 게스트하우스보다는 비즈니스 호텔을 많이 찾았다. 비즈니스 호텔에서는 프라이버시를 지킬 수 있고 숙박료도 그들에게는 큰 부담이 되지 않았기 때문이다. 그러나 지난 몇 년 사이, 서울에 게스트하우스가 급격히 늘어나면서 일본인들도 게스트하우스를 찾는 일이 늘어나고 있다. 조용하고 약속을 정확히 지키는 편인 일본 게스트들은 일단 한번 마음에 들면 재방문율이 높다.

잠 게스트하우스를 찾은 사람들
마이 디어 게스트 스토리

첫 번째 게스트, 핀란드에서 온 아누와 유카

시간이 가도 절대 잊히지 않는 게스트가 있다. 바로 잠 게스트하우스의 첫 손님, 핀란드에서 온 아누와 유카다. 나는 아누와 유카와 함께 게스트하우스 주인장으로서의 인생을 시작했다고 해도 과언이 아니다. 게스트하우스를 열긴 열었는데 이제 어떻게 해야 하나 고민하던 찰나, 지인의 지인을 통해 우연히 잠 게스트하우스를 알게 된 이 중년의 부부가 찾아왔다.

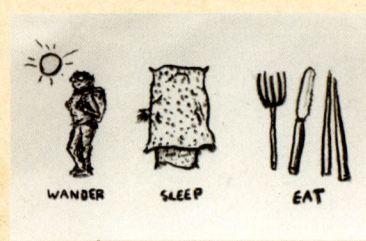
게스트가 떠나도 그들이 남긴 흔적은 다양한 형태로 남아있다.

특히 부인인 아누는 일본에서도 꽤 알아주는 아티스트로 일본에서 전시를 마치고 한국을 잠시 방문한 참이었다. 아누가 건네준 전시 도록에는 핀란드의 자연이 가득했다. 나 또한 한국의 자연스러움을 그들에게 선물하고 싶었다. 편의점 앞에 앉아 길거리에서 술을 마실 수 있는 것이 너무 재밌고, 나를 따라 잠시 다녀온 강원도의 산이 너무 멋있고, 지하철 티켓을 끊는 것이 어색하지만 기쁘다는 아누와 유카를 보면서 '아, 나는 참 즐거운 일을 시작했구나' 하고 생각했다. 언제나 활짝 웃어주는 무한긍정의 첫 손님을 맞은 덕분에 잠 게스트하우스가 승승장구할 수 있었던 것이 아니었나 싶다.

'아티스트 하우스'로의 물꼬를 터준 태국의 PT와 독일의 데이빗

따뜻한 태국에서 12월의 서울로 떠나와 몸서리치는 겨울을 맞이한 PT는 서울

태국의 아티스트 PT는 잠 게스트하우스 곳곳을 정성스레 그려주었다.

에 있던 내내 모스크바에서나 쓸 법한 모피 털모자를 쓰고 다녔다. 태국에서 그를 발굴(?)한 모 한국 회사의 초청으로 서울에서 전시회를 열게 된 PT는 마침 독일에서 온 그림 그리는 청년 데이빗과 함께 어울리며, 12월 한 달간 잠 게스트하우스를 영감이 넘치는 장소로 만들어주었다. 잠 게스트하우스 곳곳을 그림으로 남겨주었던 PT와 데이빗 덕분에 주인장인 나조차 평범하게만 보았던 공간 구석구석을 좀 더 기발한 상상력을 가지고 바라보게 되었다.

이후 뮤지션을 비롯해 그림 그리는 사람, 사진 찍는 사람 등 많은 아티스트가 잠 게스트하우스를 찾아주었으니, 이것은 모두 PT와 데이빗이 예술적 영감을 잠에 잔뜩 숨겨놓고 간 덕분이다.

자주 만나서 한국 사람처럼 느껴지는 싱가포르에서 온 제레미

제레미는 누나인 발레린과 함께 한국의 겨울을 찾은 싱가포르 친구다. 한국에서 한 학기 동안 수업을 들을 예정이라 학기가 시작되기 전 일주일 남짓을 누나와 함께 잠 게스트하우스에서 묵게 되었다. 그는 추위를 만끽하고 싶다면서 훌쩍 스키장에 갔다 오기도 하고 식당에 들를 때면 매번 푸짐한 상차림을 찍어서 내게 보내주기도 했다.

싱가포르에서 온 그에겐 한국의 모

누군가에게 게스트하우스는 여행자의 섬이자 휴양지였을까?

든 것이 새롭고 잠 게스트하우스가 집처럼 느껴졌으리라. 한국이 너무 좋아졌다는 제레미는 싱가포르로 돌아간 이후 다시 친구들과 서울로 여행을 오기도 하고 페이스북을 통해 나와 꾸준히 연락도 주고받았다. 그 덕분에 이제는 마치 한국인 친구처럼 느껴지는 제레미. 손님도 친구가 될 수 있고, 다시 그들의 나라로 돌아간다 해도 그것이 끝은 아니라는 것을 실감하게 해준 게스트다.

F

백문이 불여일견!
먼저 여행자가 되어라

게스트하우스를 시작하기 위해서는 고려해야 할 여러 가지 것들이 있다. 그중 나는 여행자의 마음을 이해하는 일이 가장 우선이자 중요하다고 생각한다. 저 멀리 아프리카에서 왔든 차로 2시간 거리인 비교적 가까운 지방에서 왔든, 또 장기 배낭여행자이든 출장 중에 들른 비즈니스맨이든 간에 게스트하우스의 손님이란 결국 집을 떠나온 여행자일 수밖에 없다. 그런 여행자들이 모여드는 공간을 운영하는 주인장은 당연히 여행자의 마음을 이해할 수 있는 사람이어야 한다. 사실 이런 비밀 아닌 비밀 때문인지 여행자의 영혼에 가까운 사람일수록 남들보다 힘들이지 않고 쉽게 게스트하우스를 운영할 수 있다.

게스트하우스는 형태보다 내용이 중요한 공간이다. 게스트하우스 사업을 준비하느라 비슷한 형태의 숙소를 찾아 한두 번 묵어본다 한들 그 특색과 매력을 파악하기는 쉽지 않다. 물론 방이 몇 개고 공실률이 얼마나 될지, 2층 침대가 좋을지 온돌방이 좋을지를 결정하는 데는 한두 번의 경험도 분명 도움이 될지 모른다. 하지만 긴 여행 끝에 여행자들을 만나기 위해 게스트하우스를 차렸다는 주인장의 성공담이 심심찮게 들리는 데는 그만한 이유가 있다. 여행을 하며 자연스럽게 각종 게스트하우스들을 경험해본 덕분에 자신의 게스트하우스가 어떤 모습을 띠어야 하고 어떤 것들이 필요한지를 본능적으로 배우게 된 것이다. 수많은 여행이 이들을 의도치 않은 게스트하우스 전문가로 만들었고 그들은 경험에서 배운 전문가답게 각각 자신만의 색깔로 게스트하우스를 운영하고 있다.

창업을 결심하고 나서 게스트하우스를 찾아가 묵어보는 일이 사실 쉽지만은 않다. 가장 좋은 방법은 여행자의 마음으로 게스트하우스에 묵으며 체험하는 것인데, 이미 창업자의 마음으로 모든 것을 바라볼 수밖에 없게 되었으니 말이다. 그러니 가능하면 여행자의 마음을 유지할 수 있도록 가족이나 친구와 함께 게스트하우스에 묵어보자. 내가 보지 못한 것, 내가 느끼지 못한 것을 그들이 대신 알려줄 수 있다.

게스트하우스를 준비하면서 외국이나 제주도 등지로 비교적 오랜 기간 여행을 떠나보는 것도 추천한다. 집을 떠나 낯선 곳을 찾아가는 마음부터 긴 여행 후 게스트하우스를 만났을 때 어떤 것이 가장 중요한지, 또 무엇이 가장 감동적인지를 알게 될 것이다.

만약 자주 여행을 다닐 만큼 여건이 허락되지 않는다면 게스트하우스에 대한 기사나 블로그 후기 등을 최대한 들여다보는 것도 좋다. 특히 게스트하우스를 체험하고 돌아온 전문 잡지 기자들의 후기는 일반인 블로거보다 전문성과 정보성을 갖추고 있어 유용하다. 그러나 백문이 불여일견이다. 게스트하우스에 많이 묵어본 주인장이 게스트하우스를 찾아오는 여행자의 마음을 잘 알 수 있다는 사실을 잊지 말자.

게스트하우스 염탐의 법칙

|법칙 1| 내가 원하는 게스트하우스와 비슷한 규모와 형태 찾아보기

▶ 인테리어를 체크하라.

▶ 공간 효율성 및 침대 배치를 체크하라.

▶ 공용 공간과 개별 공간의 장단점을 체크하라.

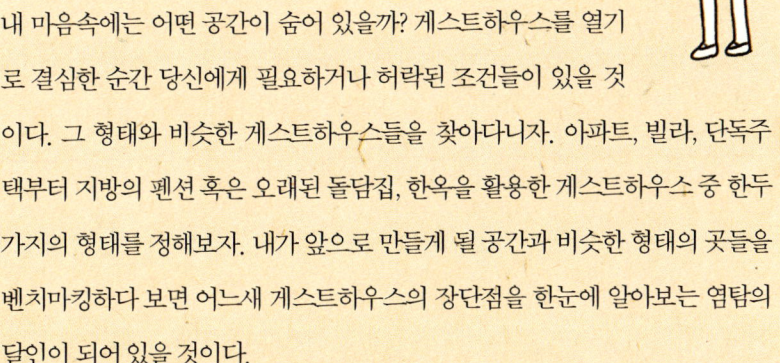

내 마음속에는 어떤 공간이 숨어 있을까? 게스트하우스를 열기로 결심한 순간 당신에게 필요하거나 허락된 조건들이 있을 것이다. 그 형태와 비슷한 게스트하우스들을 찾아다니자. 아파트, 빌라, 단독주택부터 지방의 펜션 혹은 오래된 돌담집, 한옥을 활용한 게스트하우스 중 한두 가지의 형태를 정해보자. 내가 앞으로 만들게 될 공간과 비슷한 형태의 곳들을 벤치마킹하다 보면 어느새 게스트하우스의 장단점을 한눈에 알아보는 염탐의 달인이 되어 있을 것이다.

|법칙 2| 문전성시를 이루는 게스트하우스 방문하기

▶ 문전성시의 이유를 파악하라.

▶ 성공하기 전후의 게스트하우스 상태도 슬쩍 물어보자.

성공한 게스트하우스에는 무언가 특별한 것이 있다. 문전성시를 이루는 게스트하우스를 찾아가 보자. 단지 운 좋게 미디어에 소개되어 유명해진 것인지, 차근차근 준비하며 때를 잘 만난 것인지, 아니면 주인장이나 게스트하우스 공간 자체에 뭔가 특별한 비결이 있는지 알아보고 벤치마킹해보자.

| 법칙 3 | **멋지다고 생각하는 주인장 탐구하기**

▶ 주인장의 운영 마인드와 접대의 기술을 익히자.

▶ 현재에 만족하고 사는 주인장이라면 그 이유를 면밀히 엿보자.

게스트하우스 창업이 워낙 인기를 끌다 보니, 20대부터 은퇴 후 새롭게 사업을 시작한 사람까지 다양한 유형의 주인장들을 만날 수 있다. 여행을 좋아해서 게스트하우스의 주인장이 된 유형부터 지속적인 수입을 통해 여유로운 삶을 살고 싶은 사람, 다양한 여행자들을 만나 어울리면서 신나게 살아가고 싶은 사람까지 그 모습도 참 다양하다.

다양한 모습의 주인장들 중에서 자신이 공감할 수 있겠다 싶은 이의 게스트하우스를 찾아가 그가 어떻게 사는지 들여다보자. 어떤 사람은 항상 손님을 맞이하고 온갖 잡일을 해야 하는 게스트하우스 일과 본인의 성격이 안 맞아 고생하기도 하고 또 어떤 사람은 게스트하우스를 시작한 것이 인생의 전환점이 되었다며 사람을 만나고 여행자를 돕는 일상을 즐긴다.

게스트하우스의 주인장이 된 당신의 미래는 과연 어떨까? 본격적으로 게스트하우스를 시작하기 전에 미리 다른 주인장들의 삶을 엿보고 미래를 그려보자!

Chapter 3
**눈으론 정책을,
손으론 계산기를!**

G

단칸방도 OK!
정부가 밀어주는 도시민박업

도시민박업 제도가 생겼다고?

2012년 이전까지는 게스트하우스가 불법이었다? 그렇다, 불법이었다. 게스트하우스가 무엇인지 개념 정립조차 안 되었던 시기이다 보니 게스트하우스 관련 법규가 없었던 것은 당연했는지도 모르겠다. 그러나 불과 2년이 지난 지금, 게스트  하우스 시장은 천국이나 다름없다. 게스트하우스 붐과 함께 숙박시설로 합법화되면서 많은 수의 게스트하우스가 순식간에 생겨났고, 그동안 음지에서 알음알음 운영되던 곳들도 '외국인관광 도시민박업' 법규 제정을 통해 정식으로 세상에 드러났기 때문이다.

2011년 내가 처음 게스트하우스를 열 때까지만 해도 우리나라에서 게스트하우스는 별다른 법도 제도도 없이 '여행자를 위한 공간' 정도로만 인식

되었다. 특히 게스트하우스가 조금씩 생겨나기 시작한 2010년 무렵에는 간판만 게스트하우스라고 걸었을 뿐 숙박업소로 보기에는 협소한 공간이 대부분이었다. 게스트하우스 주인장 또한 큰 수익을 기대하기보다는 여행자를 계속 만나면서 그들에게 한국의 문화를 전하고 싶어 하는 여행 마니아가 다수를 차지했다. 나 역시 그들 중 한 명이었다.

그러나 2012년 1월, 게스트하우스를 합법적인 사업으로 인정하는 '외국인관광 도시민박업'(이하 '도시민박업') 제도가 생기면서 많은 것이 바뀌었다. 2012년 초, 어찌 알았는지 지역 구청에서는 내가 운영하는 게스트하우스로 편지를 한 통 보내왔다. 내용은 도시민박업이라는 제도가 생겼으니 구청에 정식으로 게스트하우스 등록을 하라는 것이었다. 그때를 기점으로 서울에서 게스트하우스 사업은 말 그대로 호떡집에 불난 듯이 인기를 끌기 시작했다.

"외국인 여행자들을 객실이 부족해 못 받다니 어리석다. 대책이 있어야 한다." "자녀가 독립해서 방이 남는 실버 층이 새로운 수익을 창출할 수 있는 좋은 기회다." "하루 단위로 수익이 발생하는 구조라 월세 중심의 원룸 임대보다 매력 있다." "단독주택을 리모델링하는 것만으로 별다른 기술 없이 수익을 창출할 수 있는 신사업이다." 등등, 나로서는 단순히 여행이 좋고 사람이 좋아서 시작했던 게스트하우스가 이제는 새로운 창업 아이템으로 떠오른 것이다.

도시민박업 제도는 게스트하우스를 엄연한 하나의 문화이자 비교적 소자본을 가지고 뛰어들어도 좋은 사업으로 인식하는 계기가 되었다. 불과 몇 년 전만 해도 딱히 갈 곳이 없어 호텔과 여관으로 향하던 외국인 여행자들은 이제 '이 도시에서는 어떤 게스트하우스에 묵을까?' 하는 즐거운 선택권을 가지고 전국 방방곡곡에 위치한 각양각색의 게스트하우스로 향한다.

도시민박업이 무엇인가요?

그렇다면 수많은 게스트하우스들을 양지로 끌어 올린 도시민박업 제도는 대체 무엇일까. 2012년 1월, 문화체육관광부는 늘어나는 외국인 여행자의 수요에 따라 우후죽순 생겨나기 시작한 게스트하우스들을 양성화하면서 동시에 숙소난을 해결하기 위해 '외국인관광 도시민박업'이라는 새로운 제도를 시행했다.

도시민박업은 일반숙박업의 기준에 해당되지 않아 숙박업으로 등록할 수 없었던 '도시' 내 주거용 주택에서 외국인 여행자가 숙박하는 것을 허락한다는 취지의 제도이다. 단, 도시민박업 제도를 이용해 게스트하우스를 정식으로 등록하기 위해서는 공간이 제한적인데, 연면적 230㎡(약 70평) 미만의 주거공간만을 게스트하우스로 운영할 수 있다. 더불어 외국인 여행자를 대상으로 하는 만큼 의사소통의 불편을 겪지 않도록 게스트하우스 운영자나 그 가족 구성원 중 누군가는 외국어로 소통이 가능해야 한다는 조건도 덧붙여 있다.

요약해보면, 도시민박업의 적용을 받는 게스트하우스는 외국인 여행자를 대상으로 하는 230㎡ 미만의 숙박업이다. 여기서 주목할 점은 애초 도시민박업으로 운영되는 게스트하우스는 외국인 여행자에게만 숙식을 제공하도록 제한되어 있었으나 최근에는 내국인도 이용이 가능하도록 법규가 점차 변화 중이라는 사실이다.

실제로 2014년 8월 문화체육관광부는 마을기업의 주민이 거주하는 주택을 이용하여 게스트하우스를 운영하는 경우에는 내국인의 숙식을 허용하는 내용의 관광법 시행령 개정안을 입법 예고했다. 이와 함께 객실마다 소화기와 단독경보형 감지기를 설치해야 한다는 관광진흥법 시행규칙 개정안을 입법 예고한 상태이니 앞으로 제도의 변화를 눈여겨보아야 하겠다.

외국인관광 도시민박업 지정 기준 (관광진흥법 시행령 제2조 1항 6호)
- 「국토의 계획 및 이용에 관한 법률」에 의한 도시 지역에 위치할 것
- 사업자가 실제 거주하는 곳(방)을 포함하여, 건물의 연면적이 230㎡ 미만일 것
- 건축법에 따른 단독주택, 다가구주택, 아파트, 연립주택 또는 다세대주택 중 하나에 해당할 것(업무용 시설, 근린 생활시설 등은 제외)
- 외국어 서비스가 가능한 체계를 갖추고 있을 것
- 외국인이 한국 가정문화를 체험할 수 있는 위생 상태를 갖출 것

일반숙박업과 도시민박업, 그 차이와 특징 짚어보기

도시민박업 제도가 시행된 후, 전국적으로 게스트하우스가 많이 생겨나고 있긴 하지만 그래도 우리에게 익숙한 숙박업소는 단연 호텔, 모텔, 여관이다. 그렇다면 호텔이나 모텔, 여관 같은 이름을 달고 있으면 일반숙박업, 게스트하우스라는 이름을 달면 도시민박업에 해당되는 것일까? 아니면 호텔같이 크고 방이 많으면 일반숙박업, 작은 도미토리 몇 개를 갖추고 있는 소규모 숙박업이라면 도시민박업이 적용되는 것일까?

모두 정답이 아니다. 도시민박업은 외국인 관광객을 수용할 객실이 부족해 만들어진 제도이므로 연면적 230㎡ 미만의 주거용 공간에서만 운영이 가능하다. 따라서 이 조건을 충족하지 못하는 숙박업소라면 일반숙박업으로 등록해야 한다.

앞서 말했지만 특히 주의할 점 중 하나는 도시민박업으로 등록을 할 경우 마을기업에서 운영하는 게스트하우스를 제외하고 내국인 손님을 받을 수 없다는 것이다. 만약 내국인이 많이 오는 지역에서 게스트하우스를 운영하고자 한다면 필히 일반숙박업이나 호스텔업으로 등록해야 한다는 점을 기억하자. 그러나 부산의 감천마을과 같은 경우에는 이미 내국인을 위한 게스트하우스가 문을 열고 있는 상태로, 앞으로 제도의 변화를 기대해 볼 수 있겠다.

도시민박업 제도를 활용한 게스트하우스는 주인이 직접 살고 있는 집이나 저렴한 주거지 매물을 이용해 적은 비용으로 사업을 시작할 수 있는 장점이 있다. 반면 일반숙박업이나 호스텔업으로 게스트하우스를 등록할 경우에는 면적에 상관없이 원하는 규모로 운영할 수 있으며 내국인, 외국인의 제약 없이 누구나 게스트로 맞이할 수 있다는 점이 도시민박업과는 또 다른 매력이다. 물론 규모를 떠나서 게스트하우스라는 공간은 여행자들이 서로 만나고 소통하면서 여행의 추억을 만들어가는 공간임을 잊어서는 안 되겠지만 말이다.

도시민박업을 기준으로 본 다양한 숙박 형태

	도시 민박업	농어촌 민박업	호스텔업 (관광숙박업)	일반 숙박업	생활형 숙박업
인허가	도시민박업 지정	농어촌민박업 신고	사업계획 승인	숙박업 영업신고	숙박업 영업신고
사업자 등록 여부	○	○	○	○	○
소득세 및 부가가치세	과세	과세	과세	과세	과세
사업장 규모 제한	연면적 230㎡ 미만	연면적 230㎡ 미만	×	×	×
취사 가능 여부	○	○	×	×	○
건물 용도	단독, 다세대 등의 주택	단독, 다세대 등의 주택	숙박업 건물	숙박업 건물	숙박업 건물
내·외국인 수용여부	외국인만 (마을기업 제외)	내·외국인	내·외국인	내·외국인	내·외국인

◆2014년 7월 기준

도시민박업 도시 지역의 주민만 운영 가능
농어촌민박업 농어촌 지역과 준농어촌 지역 주민만 운영 가능
호스텔업(관광숙박업) 배낭여행자와 같은 개별 여행자의 숙박에 적합한 시설
일반숙박업 호텔, 모텔, 여관 등의 숙박업소
생활형 숙박업 요리와 세탁이 가능한 장기 숙박형 레지던스

도시민박업의 장점은 무엇인가요?

도시민박업 제도의 가장 큰 이점은 허가제가 아닌 신고제라는 것이다. 이는 신청 서류를 잘 갖추어 제출하고 심사를 통과하면 바로 게스트하우스 영업을 시작할 수 있다는 말과도 같다. 호스텔업이 까다로운 사업계획 승인을 받아야 하는 반면 도시민박업은 상대적으로 간소한 서류를 갖추어 해당 구청에 신고만 하면 되기 때문에 훨씬 간단하다. 그러나 신고제라 하더라도 사업자등록을 해야 하고, 부가세나 종합소득세의 신고 및 납부에 대한 의무는 있다. 서울시에서는 도시민박업 아카데미를 운영하면서 다양한 지원책을 펼치고 있으니 참고해보자. 서울시가 운영하는 도시민박 통합 사이트 서울스테이(stay.visitseoul.net)를 방문하면 도시민박업에 대한 정보뿐만 아니라 도시민박업으로 운영되는 서울시의 게스트하우스들도 확인할 수 있다.

도시민박업 제도에 대한 서울시의 지원사항

운영 지원	• 중소기업 육성자금 융자 보증 • 외국어 동시통역 서비스 • 전문 예약 대행 업체를 통합한 사이트 구축 및 운영 • 간판 제작 • 관광 상품화를 위한 프로그램 지원 (서울 글로벌 문화관광센터에서 운영하는 무료 체험 프로그램 활용 가능) • 지역축제 및 관광축제와 도시민박업 연계 추진
컨설팅 및 교육 지원	• 창업 지원 및 운영자 아카데미, 컨설팅 지원단 활용 가능 • 도시민박업 기본 입문 및 심화 운영교육 지원
홍보 지원	• 해외 주요 사이트 홍보 및 해외 박람회 홍보

도시민박업으로 이렇게 지정받자!

도시민박업의 지정 및 지원 제도는 문화체육관광부 관광진흥과가 담당한다. 하지만 도시민박업을 신청하고자 하는 사람은 거주하고 있는 주소지의 관할 구청 관광 관련 부서의 도움을 받으면 된다. 서울시의 경우 마포구청은 문화관광과, 종로구청은 관광체육과가 도시민박업 관련 업무를 담당하는데, 이처럼 각 구청마다 도시민박업 관련 부서는 다를 수 있으니 참고하자.

도시민박업 지정 절차는 간단하다. 구청의 해당 부서에 도시민박업 신청서와 함께 신청인의 성명과 주민등록번호를 기재한 서류, 도시민박 시설의 배치도 또는 사진 및 평면도를 첨부하여 제출하면 된다. 도시민박업 신청서를 제출할 때는 2만 원의 수수료도 납부해야 한다.

도시민박업 신청 접수 절차

구청 해당 부서에 신청 ▶ 접수 ▶ 심의(현장 방문) ▶ 지정(지정 변경) ▶ 지정증 발급

등록 전 꼭 체크해보세요!

- ☐ 해당 주택이 「국토의 계획 및 이용에 관한 법률」 제6조 제1호에 따른 도시 지역임을 확인한다.
- ☐ 건물의 연면적이 230㎡(70평) 미만인지 확인한다.
- ☐ 해당 주택이 건축법 시행령 별표 1에 따른 단독주택, 다가구주택, 아

파트, 연립주택 또는 다세대주택 중 하나에 해당하는지 확인한다.
☐ 관광사업자가 관광진흥법 제7조*에 따른 결격사유에 해당하지 않는지 확인한다.
☐ 소방시설을 갖추고 있는지 확인한다.
☐ 공동주택의 경우 「공동주택관리규약」**에 위반되는 사항이 없는지 확인한다.

---

* 관광진흥법 제7조

1. 금치산자, 한정치산자
2. 파산신고를 받고 복권되지 아니한 자
3. 관광진흥법에 따라 등록등 또는 사업계획의 승인이 취소되거나 동법 제36조 제1항에 따라 영업소가 폐쇄된 후 2년이 지나지 아니한 자
4. 관광진흥법을 위반하여 징역 이상의 실형을 선고받고 그 집행이 끝나거나 집행을 받지 아니하기로 확정된 후 2년이 지나지 아니한 자 또는 형의 집행유예 기간 중에 있는 자

** 공동주택관리규약

입주자 및 사용자(세입자 외)를 보호하고 주거생활의 질서를 유지하기 위하여 공동주택을 관리 또는 사용하는 데 준거가 되는 관리규약의 준칙을 말한다. 공동주택관리규약은 각 시·도지사가 준칙으로 정해야 한다. 이미 정부가 제정해 배포한 표준관리규약을 참조하여 각 아파트 단지마다 관리규약을 정하고 있어 대부분 유사하다.

Q&A로 알아보는 도시민박업

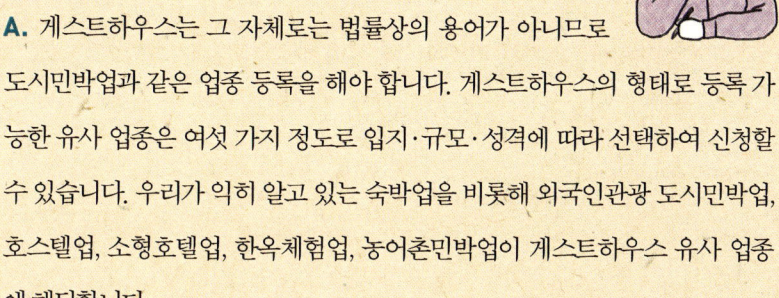

Q. 게스트하우스로 등록 가능한 법률로는 어떤 것이 있나요? 도시민박업밖에 없나요?

A. 게스트하우스는 그 자체로는 법률상의 용어가 아니므로 도시민박업과 같은 업종 등록을 해야 합니다. 게스트하우스의 형태로 등록 가능한 유사 업종은 여섯 가지 정도로 입지·규모·성격에 따라 선택하여 신청할 수 있습니다. 우리가 익히 알고 있는 숙박업을 비롯해 외국인관광 도시민박업, 호스텔업, 소형호텔업, 한옥체험업, 농어촌민박업이 게스트하우스 유사 업종에 해당합니다.

Q. 일반숙박업과 도시민박업의 차이를 다시 짚어주세요. 개인사업자로 일반숙박업을 운영하려면 어떤 준비가 필요한가요?

A. 일반숙박업은 내국인이나 외국인 손님에 관계없이 원하는 규모의 숙박업소를 운영하고 싶을 때, 도시민박업은 연면적 230㎡ 미만의 주거용 공간에서 외국인 손님을 위한 게스트하우스를 운영할 때 적합합니다.

또한 일반숙박업으로 등록할 경우 숙박업소로 건축허가를 받아야 하기 때문에 애초에 일반숙박업에 적합한 건물을 매입하거나 임대하는 것이 중요합니다. 특히 요즘은 도심에서 일반숙박업의 기준에 맞는 건축물을 찾기가 어려우므로 기존의 모텔이나 여관을 매입하거나 임대하는 것도 좋은 방법입니다.

Q. 서울시에는 도시민박업으로 운영 중인 게스트하우스가 얼마나 있나요?

A. 2014년 8월 말 기준으로, 서울시에 도시민박업으로 등록된 게스트하우스

는 522곳입니다. 객실 수는 총 1656실이니 게스트하우스당 평균 세 개의 객실을 운영 중이라고 가늠해볼 수 있습니다. 또한 마포구에만 134곳이 영업 중인데, 이는 서울시에 도시민박업으로 등록된 게스트하우스의 약 4분의 1에 해당하는 숫자입니다.

Q. 지금 살고 있는 단독주택을 도시민박업으로 등록해서 게스트하우스로 이용할 수 있을까요? 연면적이 도시민박업 기준보다 조금 넓은데 어떻게 하면 좋죠?

A. 단독주택은 얼마든지 게스트하우스로 이용할 수 있습니다. 다만 단독주택의 면적이 실제 거주지를 포함하여 230㎡(70평) 이상이라면 게스트하우스로 이용할 수 없습니다.

Q. 도시민박업은 사업자등록을 할 수 있나요?

A. 다른 사업과 마찬가지로 도시민박업도 사업자등록을 해야 합니다. 이는 일반숙박업이나 도시민박업을 구분하지 않고 사업자등록 없이 영업을 하게 되면 여러 가지 불이익이 발생할 수 있기 때문입니다.

Q. 도시민박업은 카드 결제나 세금 신고를 어떻게 하나요?

A. 사업자등록을 한 도시민박업자는 일반사업자와 마찬가지로 카드 결제가 가능하고, 일반과세자는 세금계산서를 발행할 수 있습니다. 또한 1년간의 소득에 대해서 종합소득세 신고를 하고 세금을 납부해야 합니다.

그러나 현재 도시민박업으로 등록된 다수의 게스트하우스가 별도로 부가세나 소득세를 납부하지 않는 상황입니다. 사업자등록을 하지 않아서 카드 결제 또한 불가능하죠. 그러나 숙박 예약 사이트나 비앤비 플랫폼과 같이 카드로 예약 및 결제가 가능한 온라인 사이트를 창구로 이용하거나 카드 결제 대행 사이트인 페이팔(Paypal)을 통하면 사업자등록증이 없는 게스트하우스라도 카드 결제 서비스를 제공할 수 있습니다.

Q. 외국인 여행자들과 여유롭게 어울리면서 게스트하우스를 운영하고자 합니다. 도시민박업이 좋을까요, 일반숙박업이 좋을까요?

A. 여행자 한 사람 한 사람과 어울리고 싶다면 도시민박업을 추천합니다. 큰 규모의 숙박업소를 직접 운영하게 되면 일에 지쳐서 손님들의 얼굴을 제대로 마주하기도 어렵거든요. 여행자들과 어울려 시간을 보낼 수 있고 작은 규모이기에 혼자서도 큰 부담 없이 게스트하우스를 운영할 수 있는 도시민박업이 제격이라고 생각합니다. 특히 정부에서 도시민박업 사업을 적극 장려하고 있는 만큼, 다양한 혜택도 받을 수 있습니다. 이미 성황리에 운영되고 있는 곳들로 인해 국내에 게스트하우스 문화가 자리를 잡았고, 서울뿐 아니라 지방을 찾는 외국인 여행자 또한 꾸준히 증가하고 있는 추세라 작은 게스트하우스 운영을 통해서 안정적인 수익을 기대할 수 있습니다.

II

**언제쯤 돈을 버는 거야?
손익분기점을 따져보자**

많은 자본 없이 창업하기 좋은 아이템으로 게스트하우스가 인기를 끌면서 게스트하우스 운영 수입이 얼마나 되는지 궁금해하는 지인들이 많다. 국내 게스트하우스의 실정을 잘 모르는 사람들은 무턱대고 돈 많이 벌었겠다며 나를 부자 취급하기도 한다. 신문이나 각종 언론매체 속에서 게스트하우스가 누워서 떡 먹기 식으로 쉽게 돈을 벌 수 있고 별다른 투자 없이 적은 자본금으로 시작할 수 있다는 이미지로 비춰지고 있기 때문이리라. 이 같은 이미지 때문인지 적지 않은 사람들이 식당이나 카페 운영보다 게스트하우스를 꾸리는 일이 수월하다고 생각하고 있는 듯하다. 하지만 일의 수월함을 어느 기준에 맞춰 무엇과 비교해야 하는 것일까?

게스트하우스 운영에는 오히려 한 가지 큰 단점이 있는데, 그것은 방 개수 이상의 수익을 거둘 수 없다는 점이다. 투어 프로그램 또는 카페나 갤러리를 함께 운영하며 부가적인 수입원을 만들지 않는 이상, 게스트하우스만으로는 식당이나 카페처럼 테이블 회전율을 높여 수익을 높이는 식의 방법을 쓸 수 없다. 그 대신 이미 마련된 방을 최대한으로 활용해 돈을 버는 것이 게스트하우스 수익 모델의 특징이다. 그렇기 때문에 공간 크기에 따라 게스트하우스의 수익 규모가 결정된다고 볼 수 있다. 너무 작은 공간은 충분한 수익을 낼 수 없고 너무 큰 공간은 운영과 유지에 많은 투자가 필요하다. 어떤 규모의 게스트하우스를 열어 얼마만큼의 수익 목표를 가질 것인지를 사업 구상 단계부터 계획하고 결정하는 것이 그래서 중요하다.

Case Study #1 작은 규모의 잠 게스트하우스

건물 형태 : 상가형주택

크기 : 60㎡(18평)

객실 개수 : 3개(트윈 룸 2, 더블 룸 1, 도미토리 없음)

수용 인원 : 6~9명

전체 면적 60㎡(18평)로 비교적 작은 게스트하우스에 속했던 잠 게스트하우스 홍대점은 방이 총 세 개로 적정 숙박 인원은 6명이었다. 각 방마다 추가 인원을 받으면 최대 8~9명까지 묵을 수 있는 게스트하우스로, 작은 공간을 활용하느라 도미토리는 만들지 않고 모두 2인실로 구성했다. 큰 침대 하나가 있는 더블 룸과는 별도로 싱글 침대가 두 개 있는 트윈 룸도 갖춰 커플이나 친구, 가족 같은 다양한 형태의 게스트를 받을 수 있도록 한 것도 하나의 전략이었다. 작은 공간인 만큼 성수기를 제외하고는 주인장 혼자 예약 관리와 청소까지 도맡아 할 수 있어 별도의 인건비를 지출하지 않았던 것도 작은 게스트하우스만의 장점이었다.

작은 규모지만 게스트하우스를 운영하는 것만으로 먹고살 수 있을 정도의 수익을 낼 수 있었던 것은 게스트하우스 붐이 일기 직전 문을 열어 가격 경쟁력을 확보했기 때문이었다. 2인실을 갖춘 고급형 게스트하우스가 드물던 2011년, 홍대에 처음 문을 연 잠 게스트하우스는 작은 규모지만 내실 있는 서비스와 손수 꾸민 '집' 같은 인테리어로 소문이 났다.

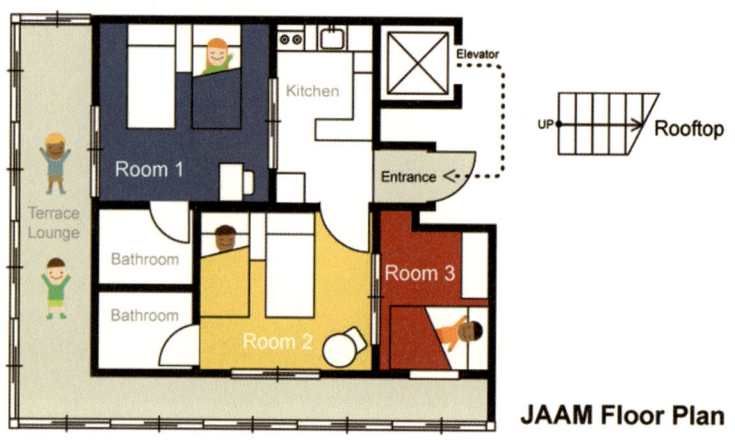

잠 게스트하우스 구조와 시설 및 1일 총 숙박료

객실 이름	객실 타입	숙박 인원	시설	숙박료
파란방	트윈 룸	2명	개별 화장실 에어컨	10만 원
노란방	트윈 룸	2명	공용 화장실 에어컨	7만 원
빨간방	더블 룸	2명	공용 화장실 선풍기	7만 원

그래서였는지 다행히도 기존의 게스트하우스보다 약간 비싼 숙박료를 받아도 항상 손님이 가득했다. 무엇보다 게스트하우스가 많지 않았던 초기 시장에 뛰어들었던 터라 가능한 일이었다. 지금은 게스트하우스가 많이 생겨 가격 경쟁력을 확보하는 것이 중요해졌다. 따라서 작은 게스트

월 고정 지출

항목	비용
월세	125만 원(보증금 1500만 원)
각종 공과금	40만 원
아침 식사 비용	45만 원(2500원 × 6명 × 30일)
기타(생필품 외)	20만 원
총 비용	230만 원

매출과 순익 산정표

객실	객실 타입	숙박료	최대 매출	객실 가동률(%)					
				90	80	70	60	50	40
파란방	트윈	10	300	270	240	210	180	150	120
노란방	트윈	7	210	189	168	147	126	105	84
빨간방	더블	7	210	189	168	147	126	105	84
합계			720	648	576	504	432	360	288
지출			−230	−225	−220	−215	−210	−205	−200
순익			490	423	356	289	222	155	88

◆ 객실 가동률 10% 줄어들 때 지출은 5만 원씩 감소
◆ 만 원(단위), 월 30일 기준

하우스는 객실 점유율이 높아야만 지속적인 수익을 창출할 수 있다는 점을 염두에 두자.

Case Study #2 주거용 아파트를 활용한 게스트하우스

건물 형태 : 아파트

크기 : 99㎡(30평)

객실 개수 : 2개(트윈 룸 1, 도미토리 4인실 1)

수용 인원 : 6명

게스트하우스를 창업할 때 자신이 살고 있는 집을 활용하는 것만큼 훌륭한 전략은 없다. 기존의 주방과 욕실 시설을 그대로 이용하면 되니 별도의 큰 인테리어 공사가 필요 없고 혹시나 운영이 잘되지 않더라도 투자 손실의 위험이 적다. 특히 부부가 운영하는 경우 번갈아가며 청소까지 맡아서 한다면 큰 지출 없이 게스트하우스를 운영할 수 있다. 다만 자신이 거주하는 공간에 외부인의 방문이 이어지기 때문에, 사생활을 중요하게 생각하는 사람보다는 여행자와 함께 어울리고 활기찬 분위기를 즐기는 사람이 이런 형태의 게스트하우스에 어울린다. 월세 부담이 없기 때문에 월 고정 지출은 다른 게스트하우스에 비해 적다. 토스트, 잼, 커피나 우유 등으로 간단하게 준비하는 아침 식사라면 하루 총 1~2만 원의 비용, 1인당 1500원 안팎의 비용으로 제공이 가능하다. 만일 99㎡(30평) 규모의 아파트 방 두 개를 게스트하우스 객실로 사용하는 경우라면, 30일간 객실 점유율이 50%일 때 월 예상 순수익은 약 157만 원이다. 다시 말해 보름 동안만 손

아파트 게스트하우스 구조와 시설 및 1일 총 숙박료

객실 이름	객실 타입	숙박 인원	시설	숙박료
객실 1	도미토리	4명	공용 화장실 에어컨	11만 원
객실 2	트윈 룸	2명	공용 화장실 에어컨	6만 5000원

월 고정 지출

항목	비용
월세	없음
각종 공과금	70만 원
아침 식사 비용	30만 원(약 1500원 × 6명 × 30일)
기타(생필품 외)	20만 원
총 비용	120만 원

매출과 순익 산정표

객실	객실 타입	숙박료	최대 매출	객실 가동률(%)					
				90	80	70	60	50	40
객실 1	도미토리	11	330	297	264	231	198	165	132
객실 2	트윈	6.5	195	175.5	156	136.5	117	97.5	78
합계			525	472.5	420	367.5	315	262.5	210
지출			−120	−117	−114	−111	−108	−105	−102
순익			405	355.5	306	256.5	207	157.5	108

◆ 객실 가동률 10% 줄어들 때 지출은 3만 원씩 감소
◆ 만 원(단위), 월 30일 기준

님을 받아도 대략 157만 원의 순수익을 기대할 수 있으니 적은 자본으로 안정적인 수익을 낼 수 있는 형태의 게스트하우스라고 할 수 있다.

Case Study #3 단독주택 임대형 게스트하우스

건물 형태 : 단독주택(2층)

크기 : 215㎡(65평)

객실 개수 : 트윈 룸 1, 더블 룸 1, 도미토리 2(4인실 1, 6인실 2)

기타 부대시설 : 개별 화장실 2, 공용 화장실 2, 공용 샤워부스 4

수용 인원 : 20명

본격적으로 게스트하우스 사업을 하고자 하는 사람들은 대체로 2층짜리 단독주택을 통째로 임대하여 게스트하우스로 운영하는 방식을 취한다. 이 경우 대부분 주인장은 다른 곳에 살고 24시간 상근직 스태프를 두어 운영하는 경우가 많다. 하지만 제법 큰 규모의 단독주택 게스트하우스를 스태프 한 사람이 모두 도맡아 운영하는 것은 무리다. 이러한 규모라면 숙박 예약과 체크인·체크아웃만 스태프가 관리하고 청소 같은 일은 주인장이 나서서 도와주는 편이 낫다. 혹은 청소 스태프를 파트타임으로 고용하여 운영할 수도 있다.

　큰 규모의 게스트하우스를 시작하면 실제로 그 운영에 드는 품이 만만치 않다. 그러나 그만큼 수익률이 높은 것도 사실이다. 특히 여러 매체에서 '적은 투자, 큰 수익률'이라고 일컫는 게스트하우스의 형태는 대부분 2층 단독주택을 기준으로 한다. 따라서 운영이 잘되어 연간 객실 점유율을

70%로 유지한다면 높은 수익률을 기대할 수 있다.

다음 표는 홍대 앞과 같은 도심에서 적은 리모델링 비용을 들인 2층 단독주택 게스트하우스를 운영하는 경우, 보수적으로 매출을 산정한 예이다. 이 경우, 기본적으로 70%의 객실 점유율을 유지해야만 약 370만 원의 순수익을 남길 수 있다. 활발하고 지속적인 홍보로 계속 게스트를 유치할 수 있다면 월 500만~600만 원 이상의 순수익을 기대할 수도 있다. 가능하다면 보증금을 높이고 월세를 낮춰 순수익을 높여보자.

단독주택 게스트하우스 구조와 시설 및 1일 총 숙박료

객실 이름	객실 타입	숙박 인원	시설	숙박료
객실 1, 2	트윈 룸, 더블 룸	2명	개별 화장실 에어컨	7만 원
객실 3	도미토리	4명	공용 화장실 에어컨	10만 원
객실 4, 5	도미토리	6명	공용 화장실 에어컨	12만 원

월 고정 지출

항목	비용
월세	300만 원
각종 공과금	80만 원
아침 식사 비용	90만 원 (1500원 × 20명 × 30일)
기타(생필품 외)	50만 원
인건비	100만 원
광고 홍보비	30만 원
총 비용	650만 원

매출과 순익 산정표

객실 타입		숙박료	최대 매출	객실 가동률(%)					
				90	80	70	60	50	40
객실 1	트윈	7	210	189	168	147	126	105	84
객실 2	더블	7	210	189	168	147	126	105	84
객실 3	4인실	10	300	270	240	210	180	150	120
객실 4	6인실	12	360	324	288	252	216	180	144
객실 5	6인실	12	360	324	288	252	216	180	144
합계			1440	1296	1152	1008	864	720	576
지출			−650	−647	−644	−641	−638	−635	−632
순익			790	649	508	367	226	85	−56

◆ 객실 가동률 10% 줄어들 때 지출은 3만 원씩 감소
◆ 만 원(단위), 월 30일 기준

어렵고도 쉽다, 숙박료 책정하기

우리나라에서 게스트하우스는 저렴한 숙박업소라는 인식이 강하다. 부티크 호텔이나 디자인 호텔, 고급 한옥을 지향하며 공간 인테리어에 많은 비용을 들인 몇몇 경우를 제외하면 대부분의 게스트하우스가 실제로 저렴한 숙박료를 장점으로 내세우고 있는 게 현실이다. 그러나 게스트하우스의 경우, '싼 게 비지떡'이라는 식의 논리는 성립하지 않는다. 젊은 배낭여행자들이나 외국인 여행자들은 일부러 게스트하우스를 찾기도 하는데, 적은 비용으로 숙식을 해결할 수 있을 뿐 아니라 자유롭고 활기찬 여행 문화를 느낄 수 있기 때문이다. 호텔처럼 고급 서비스를 제공하진 않지만 동

네 친구처럼 친절한 주인장이 있고 다양한 여행자들이 모여드는 곳이 바로 게스트하우스다.

그렇다면 게스트하우스의 숙박료는 얼마가 적절한 것일까. 게스트하우스의 숙박료는 무조건 저렴해야만 할까. 사실 숙박료에 정답은 없다. 쉬어가기 적당하고 아늑한 공간을 만들어 게스트가 편안하게 묵을 수 있다면 그에 합당한 가격을 받는 것이 옳다. 게스트, 즉 여행자가 시설을 이용하면서 기꺼이 내고자 하는 비용이 적정 숙박료이다.

전국적으로 게스트하우스가 붐을 이루고 있는 요즘, 게스트하우스는 가격 경쟁력이 아니라 취향과 호기심에 호소한다. 사람들은 자신의 취향과 꼭 맞는 게스트하우스를 찾으면 기꺼이 합리적인 숙박료를 지불한다. 다시 말해 지나치게 높은 가격만 아니라면 일반 게스트하우스보다 약간 비싸더라도 선택될 수 있는 확률이 높아진다는 말이다.

누구나 생각할 수 있는 평범한 시설과 서비스를 가지고 다른 게스트하우스와 가격 경쟁을 벌이며 손님을 유치하느냐, 아니면 돈을 조금 더 지불하고서라도 묵고 싶을 정도로 개성 있는 게스트하우스를 운영하며 손님이 줄을 서게 만드느냐. 적절한 숙박료는 자신이 추구하는 게스트하우스의 운영 방향에 따라 달라진다.

적절한 숙박료를 책정하는 일은 일반적으로 시장의 흐름에 따르기 마련이다. 조금 더 저렴한 가격에 더 나은 시설을 제공하는 숙소가 있다면 으레 사람들은 그곳을 찾는다. 호텔의 높은 숙박료가 부담스러웠던 사람들이 가격이 저렴한 모텔을 찾았던 것처럼 게스트하우스도 비슷한 수순을 밟고 있다. 서울에 위치한 게스트하우스의 경우, 2인실 숙박료는 시설에 따라 방 하나에 5만 원에서 10만 원 사이의 가격을 책정하면 적당하다. 공용 욕실을 사용한다면 5만 원, 개별 욕실이 있고 다양한 서비스까지 누릴 수 있다면 10만 원까지도 가능하다. 공간 자체가 역사·문화적으로 보존 가치를 지녔거나 전통문화 체험처럼 다른 곳에서 경험할 수 없는 서비스를 제공하는 한옥 게스트하우스의 경우, 2인실의 1박 숙박료를 15만 원에서 20만 원 사이로 책정하기도 한다. 대신 제대로 콘셉트를 잡고 숙박 이상의 서비스를 제공한다는 전제 하에서만 고가의 숙박료 정책이 가능하다.

기숙사형 도미토리는 주머니 가벼운 배낭여행자를 위해 준비된 저렴한 숙박 형태이다. 방 하나에 적게는 4명부터 많게는 12명까지 묵기도 하는데, 수용 인원이 늘어날수록 1인당 숙박료가 저렴해지는 장점이 있다. 저렴한 가격으로 오랫동안 머무르고 싶어하는 사람이나 숙박에 큰돈을 쓰기보다 같은 돈이라면 먹거리, 놀거리에 더 비중을 두는 여행자가 도미토리의 주요 고객이다. 저렴한 가격이 가장 큰 장점인 도미토리는 욕실과 침대 시설의 상태에 따라 1인당 1만 원부터 최대 3만 원까지 가격이 형성되어 있다.

1일 적정 숙박료 예

- 일반 게스트하우스 2인실 : 5만~10만 원
- 한옥 게스트하우스 2인실 : 15만~20만 원
- 기숙사형 도미토리 4~12인실 : 1만~3만 원

게스트하우스 매출 목표를 정해보자!

창업이 좋은 점은? 바로 사업의 방향을 스스로 정할 수 있다는 것이다. 게스트하우스 창업은 공간의 형태부터 콘셉트, 운영 방식에 이르기까지 주인장의 취향을 잘 녹일 수 있는 사업이다. 그리고 그 시작은 매출 목표를 세우는 것부터다. 아래 소개하는 매출 공식을 통해 자신만의 매출 목표를 세워보고, 이를 달성하기 위해 어떻게 나만의 게스트하우스 공간을 구성할지 고민해보자.

1. 객실당 하루 매출 목표 세우기

객실 세 개를 이용해 게스트하우스를 운영하고자 할 때, 다음의 공식을 참고하여 매출 목표를 세울 수 있다.

$$\text{객실 개수} \times A = C$$

A: 객실당 월 기본 매출
C: 월 전체 매출 (기본 지출 + B(희망 순수익))

① 예상되는 기본 월 지출 : 150만 원

② 내가 원하는 월 순수익 B : 500만 원

③ ①과 ②를 더한 월 전체 매출 C : 650만 원

객실이 세 개이므로 전체 매출 650만 원을 3으로 나누면 A, 즉 객실당 월 기본 매출은 약 217만 원이 된다. 단 성수기를 제외하고 객실이 100% 차는 경우는 드물다. 따라서 객실당 월 기본 매출인 A를 최대 매출의 70%로 생각하고 객실당 하루 목표 매출을 산정한다.

$$70 : 217 = 100 : X$$

위의 공식에 따르면 X, 즉 객실당 월 매출 목표는 곧 310만 원이다. 이를 30일로 나누면 객실당 하루 매출 목표는 약 10만 원이다. 따라서 방 세 개가 각각 하루에 10만 원씩 수익을 낸다면 객실 점유율 70%일 때 원하는 순수익 목표인 500만 원을 벌 수 있다.

2. 매출을 높이는 객실 구성 노하우

객실 하나당 수익 목표가 정해졌다면 다양한 객실 구성으로 매출을 보완하는 수익 구조를 만든다.

- 욕실이 딸린 객실은 다른 객실보다 높은 가격을 책정한다.
- 2인실에 추가 침대를 비치해두고 경우에 따라 3~4인실로 이용하여 매출을 높인다.
- 2인실보다는 도미토리 형태의 4~6인실이 하루 매출 목표를 달성하기 쉽다. 그러나 도미토리는 많은 개별 여행자에게 홍보해야 하고, 침대의 개수대로 건건이 예약을 받아야 하는 부담이 있다.

도미토리의 경우 4~6명 단위의 가족 여행자들을 위한 패밀리 룸으로 만들어 차별화할 수 있다. 이 경우 2층 침대보다는 더블 침대를 설치하고 아이들을 위해 푹신한 이불을 추가로 준비하는 센스도 발휘하자.

Chapter 4
**한 손엔 사업계획서,
다른 손엔 지도를!**

I

자본금에 따라 달라지는 게스트하우스 스타일

자신이 가진 자본금의 규모가 곧 게스트하우스 사업 규모를 결정짓는 중요한 요소라는 것은 두말할 나위가 없다. 이때 말하는 자본금이란 보유한 현금은 물론 대출이나 투자 등으로 모은 비용까지 모두 포함한다.

   자본금의 규모는 자신이 원하는 크기의 공간을 얻을 수 있을지의 여부와 함께 어느 정도의 수준까지 인테리어 시공이 가능할지를 결정한다. 그러므로 운용 가능한 자본금 내에서 연출할 수 있는 게스트하우스의 스타일을 미리 상상해보자.

Case Study #1 자본금 5000만 원 이하

잠 게스트하우스 홍대점은 비교적 적은 금액인 3000만 원의 자본금으로 시작했다. 홍대 중심가에 위치한 60㎡(18평)의 방 세 개짜리 집을 게스트하우스로 꾸미는 것은 예상대로 한정된 자본금 내에서 보증금과 월세의 비

중이 월등히 높았다. 따라서 인테리어 시공업체를 이용하지 않고 직접 집을 페인팅하고 가구와 침구를 만들어 적은 자본금을 커버했다.

잠 게스트하우스의 경우, 5000만 원 이하의 자본금으로 임대 보증금과 인테리어 비용, 운영비와 홍보비 등을 모두 충당해야 했다. 그러려면 보증금이 낮고 월세 비율이 높은 공간을 얻을 수밖에 없었다. 이런 경우 방 구조를 변경하는 식의 번거로운 공사 대신, 좋은 재료로 잘 지어진 집을 구하는 것이 인테리어 시공비를 줄일 수 있는 방법이다.

서울에서 월 400만~700만 원의 매출을 예상할 수 있는 방 세 개의 공간을 얻기 위해서는 지역에 따라 보통 보증금 1000만~3000만 원에 월세 100만~180만 원을 지급해야 한다. 5000만 원의 자본금을 가지고 보증금 3000만 원에 월세 100만 원의 금액으로 집을 얻는다고 가정해보자. 이 경우 나머지 2000만 원은 인테리어 비용과 침구 및 집기 구매 비용, 홍보비 등으로 사용한다. 이때 중요한 것은 게스트하우스 오픈 초기, 수익이 발생하지 않을 것을 고려해 자본금에서 보증금을 제외한 2000만 원 중 3개월 분의 월세와 운영비로 500만 원 정도를 남겨두는 것이다. 물론 인테리어를 진행하면서 추가로 비용이 들 수 있으니 이 부분까지 생각해둬야 한다. 1500만 원이 안 되는 금액으로 99㎡(30평) 미만인 공간의 인테리어를 진행해야 하므로 큰 시공이 필요 없는 집을 구하는 것이 좋다.

Case Study #2 자본금 1억~3억 원 사이

1억~2억 원 정도의 임대 보증금을 예상하고 있다면, 서울에서는 2층 단

독주택을 월세로 얻을 수 있다. 물론 면적에 따라 다르겠지만 게스트하우스가 몰려 있는 홍대 인근과 종로의 경우에는, 230㎡(70평) 안팎의 단독주택의 월세가 200만 원부터 많게는 500만 원에 달한다. 규모 있는 게스트하우스를 운영하고자 할 경우에는 230㎡(70평) 규모의 2층 단독주택을 임대한다. 이 경우 객실을 일곱 개 안팎으로 구성하면 월 최대 1500만 원 정도의 수익을 바라볼 수 있다.

큰 수익보다는 리스크가 적은 안정적인 운영을 원한다면 게스트하우스의 월세를 낮추는 것이 좋다. 보증금을 높이고 방 개수는 줄인다면 월 매출은 다른 게스트하우스에 비해 줄어들겠지만 대신 월세와 운영의 부담은 덜 수 있다. 이런 형태의 게스트하우스는 공격적인 사업을 지향하는 사람보다는 개인적인 시간을 가지면서 여유롭게 일하고자 하는 사람에게 어울린다.

지방의 경우 1억~3억 원 정도의 자금이 있다면 대출 없이도 집을 매입하는 것이 가능하다. 가령 99㎡(30평) 후반대 아파트를 구매한다면 화장실이 딸린 안방을 객실로 쓰거나 반대로 안방을 주인장이 사용하고 나머지 공간을 손님방으로 꾸며 게스트하우스로 운영할 수 있다. 담보 대출을 끼고 작은 건물이나 단독주택을 매입할 경우에는, 월세 부담 없이 적은 이자만 지불하는 수준에서 규모 있는 게스트하우스를 운영할 수 있다.

Case Study #3 자본금 3억 원 이상

자본금이 3억 원 이상일 경우에는 건물을 매입한 후 게스트하우스의 콘셉트에 맞춘 스타일로 개조해 사용하는 것이 이상적이다. 3억 원이 훌쩍 넘는 자본금으로 만들어진 게스트하우스는 작은 규모의 도시민박업보다는 호스텔업이나 일반숙박업의 형태로도 볼 수 있으므로 그만큼 다양한 시도가 가능하다.

게스트하우스의 규모가 크기 때문에 건물에 주인장이 머무를 수 있는 별도의 공간을 마련하거나 카페나 식당, 기념품 가게와 같은 공간을 입점시켜서 부가적인 수입원을 마련할 수도 있다. 특히 제주도나 지방의 경우라면 같은 자본금으로 서울에 비해 더 넓은 공간을 얻어 원하는 스타일로 개조할 수 있다. 때에 따라서는 건물을 새로 지을 수도 있다. 그러니 장기적인 비전을 가지고 자신이 지닌 자본금으로 어떠한 스타일의 게스트하우스를 만드는 것이 좋은지 충분히 고민하는 과정이 필요하다.

J

빌리거나 사거나 짓거나
임대, 매입, 신축 따져보기

꼭 이곳에서 게스트하우스를 열어야겠다고 생각해온 동네가 있다면 한정된 자본금에 맞춰 그 지역에서 공간을 구하면 된다. 그러나 창업자 대부분은 원하는 동네보다는 자신이 꿈꾸는 게스트하우스의 모습을 먼저 그려놓고 공간을 찾기 마련이다. 게스트하우스 공간은 임대, 매입, 신축 이렇게 세 가지의 방법으로 구할 수 있다. 각각의 경우의 수를 잘 살펴보고 자신이 지닌 자본금과 본인의 성향에 알맞은 방식으로 게스트하우스의 형태를 결정해보자.

임대 : 적은 자본금으로 대도시에 게스트하우스를 꾸릴 때

현재 살고 있거나 소유하고 있는 집을 게스트하우스로 운영하는 경우가

◀ 게스트하우스로 사용할 건물을 새로 지을 경우, 건물 1층에 카페나 식당 혹은 매점이나 편의점을 마련하여 추가 수익을 기대할 수도 있다.

아니라면 따로 공간을 임대하거나 매입하여 게스트하우스를 시작해야 한다. 게스트하우스 창업을 위해 주택이나 아파트를 매입하는 것은 큰 비용이 들기 때문에 쉬운 일이 아니다. 특히 서울 같은 대도시에서 적은 자본금으로 게스트하우스 창업을 계획 중이라면 매입보다는 적당한 매물을 임대하는 편이 좋다.

임대 매물을 구할 때는 따로 시공할 필요가 없도록 창틀, 바닥, 배관 등 건물의 기본 구조가 탄탄한지 살펴보아야 하고, 고층 건물이라면 엘리베이터를 갖춘 집을 고르는 것이 좋다. 이런 매물은 월세가 조금 비싸긴 하지만 리모델링 비용이 적게 들어 결과적으로는 이득이며 게스트에게도 좋은 집이라는 인상을 주기에 좋다.

만약 좋은 시설을 갖춘 매물을 찾기 어렵다면 아예 시설이 오래되어 저렴한 가격에 임대할 수 있는 공간을 노리는 것도 한 방법이다. 건물 크기나 위치가 자신이 계획했던 게스트하우스 콘셉트를 구현하기에 알맞다면 낡은 공간을 원하는 방향으로 리모델링할 수도 있다. 다만 집이 아주 낡아 건물 보수 공사까지 이어지게 된다면 추가 비용이 생기기 마련이니 이 부분도 감안해 공간을 구하자.

원하는 임대 매물을 찾았다면 설비와 인테리어 시공에 필요한 비용의 규모를 계획한다. 5000만 원 이하의 적은 자본금이라면 15% 수준인 700만 원 내에서, 그 이상의 규모라도 자본금 전체의 20%를 넘기지 않는 범위 내에서 인테리어 비용을 해결하는 것이 좋다.

임대란 말 그대로 한정된 기간 동안 빌려준다는 개념이다. 그러므로 지나치게 많은 비용을 들여 인테리어 공사를 진행하면 수익을 제대로 남기지 못하고 사업을 접어야 하는 경우도 생길 수 있다. 가능하면 인테리어 비용을 줄이는 것이 현명하다. 만약 낡은 공간을 리모델링하여 제대로 된 설비와 인테리어 시공을 했을 경우에는, 임대 계약 해지 후 다음 세입자에게 시설비를 받을 수도 있다. 그러니 공사에 들어가기 전에 미리 이런 부분을 계산해보자. 특히 에어컨과 같이 기계 값보다 설치비가 더 비싼 가전제품은 철거할 때도 비용을 지불해야 하므로 적당한 가격에 다음 세입자에게 넘기는 것도 방법이다. 그런데, 임대 계약 기간이 끝나는 것과 동시에 집주인이 공간을 사용하기 위해 세입자를 내보내는 경우도 있다. 이럴 때는 시설비를 받지 못할 수도 있으니 사전에 이를 염두에 두고 임대 계약을 진행해야 한다.

임대차 기간도 각별히 신경 써야 할 요소이다. 도시민박업으로 등록 가능한 주택의 경우, 주택임대차보호법에 따라 최대 2년간 임대차 보호를 받는다. 따라서 임대차 기간이 끝나면 집주인이 계약을 해지하거나 임대료를 올린다고 하더라도 대항할 수가 없다. 자칫하면 애써 자리를 잡고 나서 갑작스럽게 이전을 준비해야 할 수도 있다. 따라서 사전에 계약 기간을 넉넉하게 잡고 계약서를 쓰는 것도 한 방법이다.

도시민박업이 아니라 일반숙박업으로 게스트하우스를 운영할 경우에는 상가임대차보호법에 의해 최대 5년간 보호를 받는다. 다만 계약서를 2년 단위로 작성했을 경우 계약 기간이 만료하는 시점에서 집주인이 임대료 인상을 요구할 수 있다는 점을 알아두자.

매입 : 장기간 투자가 가능한 게스트하우스 형태

자신이 소유한 집을 게스트하우스로 만들어 운영한다면 얼마나 마음이 편할까. 임대 계약 만료일에 전전긍긍할 필요가 없고 인테리어 시공에 들이는 비용도 장기적으로 회수가 가능하므로 임대 매물보다 조금 더 느긋한 마음으로 투자할 수도 있다. 따라서 집을 매입한 후 장기간 게스트하우스로 운영하고자 결심했다면 초기에 비용이 들더라도 튼튼하게 탈 없는 집으로 리모델링하는 것이 오히려 비용을 줄이는 방법이다.

  담보 대출의 이자가 3~5%대인 요즘이라면 매달 월세를 지출하는 것보다 집을 매입한 후 은행에 이자를 지불하는 쪽이 더 안정적일 수 있다. 다만 대출금이 지나치게 많을 경우에는 오히려 이자가 월세를 내는 것보다 비쌀 수 있으니 주의하자. 주택을 매입할 때는 취득세와 같은 세금을 추가로 내야 하니 계약을 하기 전에 반드시 확인한다.

  자본금이 넉넉하다면 집이나 주택이 아니라 건물을 매입하여 게스트하우스로 이용할 수도 있다. 실제로 서울에서는 임대 수익을 목적으로 지은 원룸형 다가구 건물을 매입하여 게스트하우스 객실로 이용하는 사례가 늘고 있다. 이 경우 큰 리모델링 비용 없이 스튜디오 원룸 타입의 게스트하우스로 운영할 수 있다는 장점이 있다. 또한 동네의 여관을 매입할 경우, 이미 숙박업으로 등록되어 있기 때문에 별다른 추가 신고 없이 리모델링 정도만으로도 게스트하우스로 사용할 수 있다. 규모 있는 게스트하우스를 시작하고 싶다면 까다로운 숙박업 등록 기준을 충족하는 매물을 찾는 것보다는 기존의 숙박업소를 인수하는 것이 쉬운 방법이다.

신축 : 지방에서 게스트하우스를 시작할 때 효율적인 방식

당연한 말이겠지만 건물을 새로 지을 때는 땅값이 비싼 서울 도심보다는 상대적으로 저렴한 지방을 선택하는 것이 좋다. 건물의 규모나 시설에 있어 더 만족스러운 결과물을 얻을 수 있기 때문이다. 혹은 게스트하우스가 들어서면 좋은 지역을 새롭게 찾거나 마땅한 매물을 찾기 어려운 곳일 경우에는 위치가 좋은 자투리땅에 건물을 세우는 것도 한 방법이다.

신축의 경우, 원하는 콘셉트를 구현하는 외관, 최대한 많은 인원을 수용할 수 있는 객실 구조, 욕실의 개수, 공용 공간과 야외 공간의 모습까지 게스트하우스 공간 전체를 주인장의 계획대로 진행할 수 있다는 장점이 있다. 게스트하우스를 위해 지어진 건물인 만큼 기능적인 면에서나 구조상으로나 주인장과 게스트의 만족도가 높을 수밖에 없다.

최근에는 건축 기술이 발전하고 신축 비용 또한 저렴해져서 지나치게 낡은 건물을 리모델링하는 것보다 새로 건물을 짓는 데 드는 비용이 더 합리적인 경우도 많다. 건물을 설계할 때부터 게스트하우스가 들어설 지역의 환경을 고려하여 함께 운영할 카페나 식당을 짓거나 매점이나 편의점 등의 공간을 만들어 추가 수익을 기대할 수도 있다.

5년 임대 계약한 잠 게스트하우스 부산점,
이렇게 시작했어요!

2014년 부산에서 새롭게 시작한 잠 게스트하우스는 1950년대에 지어진 낡은 주택을 리모델링해서 만들었다. 부산의 용두산공원 아래 자리 잡아 조용하면서도 몇 걸음만 걸어 내려가면 시내로 바로 연결되는 이곳. 집을 보러온 사람들은 모두들 너무 낡은 집 상태를 보곤 발걸음을 돌렸다고 했다. 그러나 왠지 모르게 이 집에 끌린 나는 용기 내어 집을 빌리고 말았다!

리모델링 전의 잠 게스트하우스 부산점 외관과 내부 모습.

천장 공사를 진행하던 중 상량문을 발견했다. 이것이 1950년대에 지어진 집의 위엄!

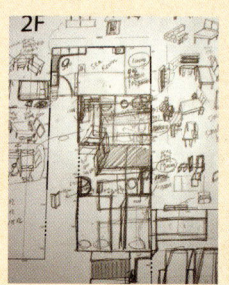

낡은 집이라 여러 번 설계를 바꿔가며 조심조심 공사를 진행했다.

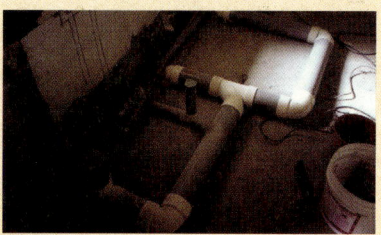

설비부터 페인팅, 목공, 철공 등 주인장의 손을 안 거친 곳이 없다. 게스트하우스가 마치 내 집처럼 느껴진다면 바로 이러한 정성 덕분일 것이다.

건물 1층에는 딱봐도카페를 만들어 동네 사람들도 즐겁게 드나들 수 있는 공간을 마련했다.

2층 객실과 복도에는 큰 창이 있어 채광이 좋다.

K

부족한 창업 자금 구하기 노하우!

자금 마련은 과감하게, 치밀하게, 긍정적으로!

게스트하우스를 만들기 위해 필요한 자금 리스트가 정리되었다면 이제 본격적으로 자금 운용 계획을 세워야 할 차례이다. 앞에서 살펴보았듯이 게스트하우스를 오픈한 후에도 적지 않은 운영 자금이 필요하므로 치밀하게 계획을 세워야 한다. 변수가 많은 오픈 초기의 운영까지 고려해 자금 계획을 세워둔다면 갑자기 자금이 떨어져도 당황하지 않고 한결 여유롭게 대처할 수 있다.

누군가는 월급을 차곡차곡 모아서 창업 자금으로 사용하지만 창업하는 이들의 많은 수가 대출을 통해 자금을 충당한다. 사업자등록을 한 자영업자라면 소상공인 창업 대출이나 중소기업청의 자영업자 대출을 통해 적은 이율로 신용 대출을 받을 수 있다.

만약 도시에서 게스트하우스를 운영할 계획이고 창업 대출의 혜택이 크지 않은 도시민박업으로 등록하고자 한다면 사업자 대출과 별도로 신용 대출이 가능한지 자격 여부를 따져보아야 한다. 소상공인시장진흥공단(www.seda. or.kr)과 중소기업청(www.smba.go.kr)에서는 창업자 및 근로자를 위한 다양한 대출 프로그램을 운영하고 있으므로 자신의 상황과 어떤 프로그램을 매치시킬 수 있는지 알아보자. 위 기관에서 진행하는 창업 아카데미 수료자에게는 대출 가산점이 부여되어 신용 대출이 조금 더 쉬워진다.

십시일반! 소규모로 투자 받기

나의 경우에는 조금 다른 종류의 대출 방식으로 자본금을 마련하여 게스트하우스를 차린 경험이 있다. 그것은 바로 지인들에게 투자를 받는 방식이다.

게스트하우스를 시작하기로 결심했던 2011년 여름, 막 뉴욕 여행을 마치고 돌아왔던 내게 게스트하우스를 만들 만큼의 목돈이 있을 리는 없었다. 무직이었던지라 대출을 받기도 어려웠고 국가에서 지원하는 창업 지원금은 어찌 받는지도 몰라 고심하던 차, 결국 내 꿈을 담은 사업계획서에 승부수를 걸었다. 당시 사업 아이디어는 있지만 자본금이 없는 예술가나 공연기획자, 사회활동가 사이에서 크라우드 펀딩(Crowd funding)이 유행하고 있었는데, 크라우드 펀딩 사이트에 프로젝트를 올리면 많은 사람이 십시일반 돈을 모아 지원하고 결과물을 차후에 공유하는 방식이었다. 내 경우는 딱히 크라우드 펀딩이라고 할 수는 없었지만 주변의 사람들에게 사업계획서를 돌려 돈을 빌리는 방법을 택했다. 결국 4명의 투자자가 열정과 절박함으로 똘똘 뭉친 내 마음을 이해해주었고, 기부 반 투자 반의 개념으로 각각 500만 원부터 1000만 원가량의 돈을 빌려주었다. 누군가에게는 적은 금액일 수도 있지만 내게는 한없이 컸던 이 돈이 모아져 게스트하우스를 시작할 수 있었으니 지금까지도 투자자들에게 감사한 마음이다.

진심을 다해 사업계획서를 만들고, 하고 싶은 일에 열정을 다했던 시간은 게스트하우스를 창업했다는 기쁨뿐만 아니라 더 큰 보상으로 돌아왔다. 지금 생각해보면 허무맹랑하고 무모하기까지 했던 나의 말, '매달 연 20%에 달하는 이자로 돌려주겠다'는 사업계획서의 공약은 신기하게도 사실이 되었다. 나 또한 마음먹은 일을 굽히지 않고 추진하는 배짱과 도전을 배운 것은 물론이었다.

자신이 만들고 싶은 게스트하우스에 대해 확신이 있다면 이처럼 주변 사람들로부터 투자를 받는 방법도 생각해볼 수 있다. 게스트하우스의 경우 사업을 접을 때 회수할 수 있는 임대 보증금이나 건물 매입비가 창업 자금의 큰 부분을 차지한다. 때문에 상당한 투자 비용이 필요한 다른 업종보다는 상대적으로 사업이 안정적이며, 따라서 투자자가 부담하는 위험도 적다. 또한 게스트하우스를 꾸리는 주인장의 입장에서도 투자한 사람에게 매년 일정 기간 숙박할 수 있는 게스트하우스 이용권을 주는 식으로 다양한 혜택을 제공할 수 있어 주인장과 투자자 사이의 상호보완적인 사업 구조를 만들 수 있다. 다만 투자를 받아 사업을 시작할 경우에는 더 막중한 책임감을 가져야 하는 것은 두말하면 잔소리다.

말 많고 탈 많은 동업, 이렇게 한다

잠 게스트하우스를 오픈하고 한창 많은 사람의 관심을 받던 그 시절, 동업을 제안한 사람들이 있었다. 작은 공간을 벗어나 다양한 프로젝트를 진행해보고자 했던 욕심에 나는 선뜻 그들과 함께 더 큰 규모의 게스트하우스를 하나 열어보기로 했다.

동업의 핵심은 분업 그리고 확실한 문서 작성이지만 그 시절의 나는 이런 동업의 법칙에 대해 미처 모르고 있었다. 게스트하우스의 위치 선정부터 인테리어, 프로그램과 운영 시스템 만들기 등등 모든 일의 주축이 되어 일했지만 게스트하우스를 오픈한 이후에는 그곳을 떠날 수밖에 없었다. 심지어 내가 만들어 놓은 게스트하우스지만 동업자로서 참여한 노동은 당연한 희생이므로 한 푼의 대가도 줄 수 없다는 것이 나머지 동업자들의 입장이었다. 그들과의 약속이나 나의 주장을 뒷받침할 근거가 문서로 남아 있지 않은 이상, 내용증명이나 법정 싸움은 길고 비싸고 힘든 일이 될 것이 뻔했다. 더군다나 동업자들의 싸늘한 태도에 너무 놀라고 말았던 나는 결국 손수 만든 공간에서 두 손 들고 물러나야 했다.

동업이란 참 힘든 일이다. 서로 아는 사이에 시작하는 동업이라도 그러하다. 무조건 동업하지 말라는 말이 아니라 누군가와 사업을 같이 할 때는 냉정하게 판단하고 절차에 맞게 일을 진행해야 한다는 것이다. 게스트하우스의 경우 부부나 커플 혹은 가족처럼 허물없는 관계의 2~3명이 함께 만들어나가면 수월하게 시너지를 낼 수 있다. 여행자들에게 편차 없이 일정한 서비스를 제공할 수 있고, 살림이라고 해도 과언이 아닐 자잘한 일을 나누어 할 수 있어 한 사람이

지나치게 강도 높은 노동을 할 필요도 없다. 또한 동업자라면 나와 같은 마음으로 게스트하우스가 잘되기를 바라는 사람일 테니 얼마나 든든하겠는가. 말 많고 탈 많은 동업이지만 원칙을 세우고 서로를 배려한다면 더할 나위 없다.

그러니 필요하다면 동업을 하되 지킬 것은 지키고 각자의 역할에 대해서는 확실히 선을 긋자. 합의한 내용은 정확히 문서로 남기고 비용 분담이나 노동 강도에 대해서도 미리 조율하자. 게스트하우스 사업으로 동업자들이 나누어 가질 만한 충분한 이익을 남기려면 다양한 홍보와 운영 노하우가 필요하다는 것 또한 염두에 두어야 한다.

동업은 철저한 분업!

내가 잘하는 것과 상대가 잘하는 것이 겹치지 않아야 한다. 이것도 저것도 다 내가 했다고 생각하면 누구나 억울해지기 마련이니 각자 할 수 있는 분야를 확실하게 나누자. 서로 비슷한 재능을 가지고 있다면 시간과 노동의 양을 나누는 것으로라도 각자의 영역을 가져야 한다.

모든 일은 문서로 작성하고 합의하자

아주 기본적인 내용이라도 정확한 용어를 사용해 문서로 만들어놓아야 한다. 동업자와 합의해서 결정한 사항들은 서로 날인한 종이 문서가 아니더라도 이메일이나 문자와 같이 서로가 확인할 수 있는 형태로 남겨놓자. 만일 분쟁이 생길 경우 이 문서는 사실 관계를 명쾌하게 만들어주는 중요한 자료가 된다. 문서를 작성하는 것이 계산적인 것처럼 느껴져도, 다시 보지 않는 사이가 되는 것보다는 동업자로서 명확한 관계가 되는 것이 낫다는 점을 명심하자.

동업자에 대해 생각하라

다른 사람과 게스트하우스를 만들기로 결심했다면 우선 함께 일할 사람에 대해서 냉정하게 생각해보자. 위기가 왔을 때 어떻게 대응할 사람인지, 게스트하우스를 하려는 목적이 무엇인지, 자신과 가치관이나 지향점이 얼마나 같고 다른지에 대해 사업을 시작하기 이전에 미리 파악해놓아야 한다. 일단 사업 파트너로서 어떠한 사람인지 고민을 끝냈다면 설령 문제가 생긴다고 해도 요령 있게 해결하거나 원만한 방향으로 풀어갈 수 있다.

--- L ---

"Where is it?"
예약을 부르는 입지 선정 노하우!

집을 얻을 돈도 준비했고 어떤 형태의 게스트하우스를 만들고 싶다는 마음가짐도 굳혔다. 이제 어디에 게스트하우스를 만들지 결정할 차례이다. 어떤 지역에 자신이 꿈꾸는 게스트하우스를 만들까 하는 고민은 게스트하우스를 시작하려는 사람들이 가장 고민하는 것 중의 하나다. 카페나 식당의 경우에는 사람들이 많이 지나다니는 곳에 자리를 잡는 것이 사업의 성패를 좌우할 정도로 중요하다. 그렇다면 게스트하우스도 유동 인구가 많은 목 좋은 곳에 위치해야 할까?

게스트하우스는 지나가다 우연히 들러서 머무르는 곳이 아니라 예약을 한 후에 찾아오는 곳이다. 따라서 카페나 식당처럼 꼭 도로에 접해 있거나 유동 인구가 많은 지역일 필요는 없다. 다만 타지에서 게스트하우스를 찾아오는 여행자들이 많으므로 이들 대부분이 주변 지리에 밝지 않다는 것을 염두에 두고 위치를 결정하자. 또한 대부분의 여행자들은 무거운 트렁크나 배낭을 들고 게스트하우스를 찾아온다는 사실도 잊어서는 안 된다.

PART 1 여행자의 집, 게스트하우스 준비하기

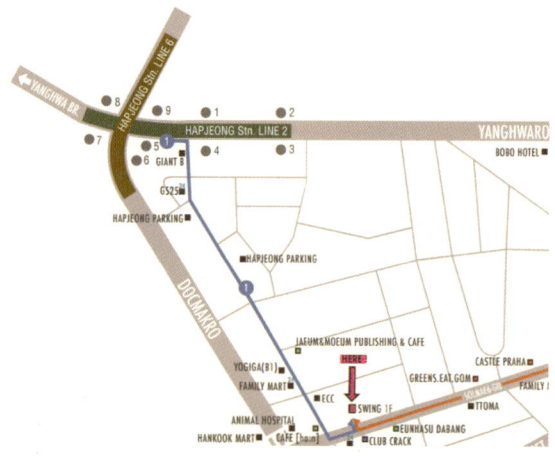

무거운 짐을 들고 지나치게 오랜 시간 동안 게스트하우스를 찾아 헤매야한다면 그들에게는 여행의 시작부터 고난처럼 느껴질 것이다.

대부분의 외국인 여행자들은 영어로 된 안내판이 있고 편리하다는 이유로, 버스보다는 지하철을 선호한다. 이는 곧 게스트하우스가 공항철도나 공항버스 정류장으로부터 어느 정도 떨어져 있는가와 함께 지하철역으로의 접근성 또한 중요하다는 말과도 같다. 따라서 게스트하우스의 위치를 선정할 때는 되도록 대중교통을 이용해 쉽게 찾아갈 수 있는 곳이 좋다. 먼 곳이라도 선뜻 찾아가고 싶을 정도로 게스트하우스의 시설이 특별하거나 소문난 서비스를 갖춘 곳이 아니라면 되도록 지하철역에서 걸어서갈 수 있는 정도의 거리가 좋다. 혹은 역에서 15분 이상을 걸어야 하더라도, 대로변에 위치해 있다거나 무리 없이 찾기 좋은 위치에 있다면 차선책으로 이곳에서 게스트하우스를 시작할 수도 있다.

만약 골목 깊숙한 곳에 위치해 처음 방문하는 이들이 찾기 힘든 곳에 게스트하우스를 오픈하기로 마음먹었다면 사전에 홈페이지와 SNS, 예약 사이트에 위치를 자세히 노출해야 한다. 이 경우 게스트하우스를 찾아올 때 헷갈릴 수 있는 포인트를 잘 짚어주는 설명문과 지도, 동영상 제작에 공을 들이자. 대중교통에서 가깝지 않은 곳이라도 게스트하우스 홈페이지에서 제공하는 지도와 설명만으로도 충분히 찾기 쉬울 것 같은 느낌이 든다면 그 숙소를 선택하지 않을 이유가 없다.

지하철역을 기준으로 위치 선정하기

그렇다면 여행자들이 편히 찾아올 수 있는 게스트하우스는 구체적으로 어떤 조건을 갖춰야 할까. 서울에서도 게스트하우스가 밀집한 홍대 지역을 예로 살펴보자. 이 지역은 지하철 2호선이 지날 뿐만 아니라 유동 인구도 많은 초역세권이다. 무엇보다 공항철도 홍대입구역이 있다는 큰 장점이 있다. 공항철도는 인천국제공항부터 김포공항을 지나 서울역까지 주요 교통 거점과 연결되어 있기 때문에 외국인 여행자들이 홍대 지역을 선호할 수밖에 없다.

다음 페이지의 지도에 주목해보자. 지도에 표시된 노란색 원에 해당하는 지역, 즉 지하철역에서 도보로 5분에서 10분 이내의 거리라면 게스트하우스를 오픈하기에 가장 좋은 위치이다. 특히 홍대 지역 중에서도 연남동은 최근 게스트하우스촌으로 탈바꿈하고 있다. 이곳은 공항철도 홍대입구역과 가깝고, 길 하나만 건너면 홍대의 번화가로 쉽게 유입할 수 있다는 지리적 특혜가 있다. 동시에 조용한 주택가라는 특징도 갖추었다. 이처럼 교통편과 번화가로의 접근성이 높으면서 한편으론 여행으로 쌓인 피로를 조

용히 풀 수 있는 주택가의 성격을 지닌 곳이라면 게스트하우스를 열기에는 금상첨화다.

차선책으로 노란색 원 이외의 공간을 선택해야 한다면 홍대입구역과 합정역 사이에 표시한 보라색 직사각형 부분에 주목해보자. 이 구역, 즉 서교동은 지하철역에서는 조금 떨어져 있지만 카페나 식당, 클럽, 쇼핑하기 좋은 다양한 상점이 밀집해 있다. 따라서 번화가로의 접근성과 편리함을 내세워 게스트하우스를 홍보할 수 있다. 종합해보면 게스트하우스의 위치를 정할 때에는 지하철역으로부터의 접근성은 물론, 자신이 가장 잘 아는 동네나 수십 번 방문하여 지리뿐만 아니라 특색까지도 파악한 지역을 선정하는 것이 좋다.

위치 선정을 위한 나만의 비밀, 상상기법

어디에서 게스트하우스를 시작하면 좋을지 감을 잡기 위해, 낯선 곳을 처음 찾은 여행자가 되어 게스트하우스를 예약하는 상상을 해보자. 여행을 떠나기 전에는 직접 게스트하우스 공간을 눈으로 확인할 수 없다. 따라서 우선 여행사의 상품을 이용하거나 인터넷 검색과 여행 도서의 도움으로 숙소를 알아볼 것이다. 물론 친구나 지인이 추천하는 곳을 찾아볼 수도 있다. 그러나 이 모든 경우에도 게스트하우스를 찾아가는 길이 지나치게 어렵거나 지도를 보아도 그 위치가 도무지 어디인지 알 수 없는 곳이라면 예약을 망설이게 될 것이다.

그렇다면 미지의 지역에서 여행자의 안식처가 되어줄 게스트하우스는 어디에 자리 잡아야 할까? 지도를 펼쳐 주인장 자신이 여행자가 되었을 때 이 정도 위치면 예약해봄 직하다는 경계선을 그려보자. 그리고 범위를 점점 좁혀 나가면서 위치별 장단점을 생각해나가자. 만약 자신이 꿈꾸는 게스트하우스가 홀로 여행하는 여성 여행자를 타깃으로 한다면 자신이 그 입장이 되어보자. 대중교통을 이용해 여행하는 배낭여행자에게는 공항철도나 공항버스, 지하철역에서 얼마나 가까운지가 숙소를 선택하는 중요한 조건이 된다. 특히 홀로 여행하지만 안전을 우선시하는 대개의 여성 여행자에게는 역에서부터 걸어서 쉽게 찾을 수 있는 곳이 우선 눈에 들어올 것이다.

한 손엔 지도, 눈은 꼼꼼히 분석하면서 미리 걸어보자!

내가 게스트하우스를 홍대에서 처음 시작했던 이유 중에는 오랫동안 살아서 잘 알고 있는 동네라는 점이 가장 컸다. 항상 자전거를 타고 골목골목을 누볐던 터라 따로 사전 조사를 하지 않아도 동네 구석구석을 머릿속에 그릴 수 있었다.

게스트하우스를 시작하기 전에는 동네 탐방이야 습관처럼 하던 일이라 그 중요성을 알지 못했다. 하지만 게스트하우스를 열겠다고 결심한 이후로는 산책을 통해 동네를 파악하는 것이 얼마나 중요한지를 깨닫게 되었다. 가령 지하철역에서 멀지 않아 좋은 위치인 곳도 막상 걸어보면 주변에 단란주점이 많은 유흥가여서 아침과 낮 시간에는 거의 폐가처럼 느껴질 정도로 골목의 분위기가 죽어 있었다. 이렇게 을씨년스러운 곳은 이른 아침에 여행을 시작해야 하는 게스트에게 좋지 않은 인상을 줄 수 있다. 마찬가지로 거리상으로는 교통편으로부터 멀지 않지만, 오르막이 심해서 짐이 많은 게스트에게 히말라야를 오르는 듯한 고난을 줄 것이 분명한 곳도 있었다.

익숙한 홍대 지역에서 게스트하우스를 열고자 했던 내게, 2011년 당시에도 게스트하우스가 꽤 많이 들어서 있던 연남동에서는 다른 곳과 차별화되는 공간을 만들기 어렵다는 판단을 내렸다. 따라서 내게 익숙한 홍대 지역이면서도 게스트하우스가 밀집되지 않은 새로운 동네를 찾아내기 위해 여행자의 시선으로 모니터에 지도를 띄워놓고 이리저리 분석을 했다.

게스트하우스에 적합한 후보 지역을 찾는 기준은 세 가지로 정했다. 첫째, 대중교통으로부터의 접근성과 중심가로의 진입이 아주 좋은 위치라면 대환영이다. 둘째, 찾기 조금 불편하지만 임대료가 낮아 숙박료를 낮출 수 있다면 도전해본다. 셋째, 찾기도 어려운데 주변에 볼 만한 것이나 편의시설도 없어 단기 여행자에게 큰 매력을 주지 못하는 곳은 제외한다.

게스트하우스가 많이 들어서던 홍대입구역 근처의 연남동이 아닌 합정역 근처의 서교동에 게스트하우스를 열게 된 것도 이런 나름의 분석에 근거한 것이었다.

서교동 골목길은 번화가와 한 골목 차이인데도 불구하고 시끄러운 클럽이나 술집보다는 카페와 식당이 많아 조용하다. 골목 하나만 들어서도 주택가의 느낌이 남아 있어 여행자가 산책 삼아 걸어 다니기에도 좋다. 또한 지하철로 한 정거장이면 공항철도 홍대입구역에 도착할 만큼 가깝다. 게다가 합정역 정류장에서 공항버스를 타면 1시간 이내에 인천국제공항에 도착할 수 있다. 잠 게스트하우스를 열었을 때만 해도 서교동은 여행자를 위한 숙소가 그리 많지 않은 동네였지만 이런 이유에서인지 지금은 게스트하우스가 꽤 많이 들어선 동네가 되었다.

앞서 말한 게스트하우스 위치 선정의 세 가지 기준, 즉 대중교통으로부터의 거리, 상대적으로 낮은 임대료, 혹은 이 모든 걸 감내할 수 있을 정도의 매력을 지닌 지역을 정했다면 산책하는 마음으로 동네를 둘러보자. 이때 한 손에는 휴대폰의 지도 어플리케이션을 켜서 내 위치를 실시간으로 확인하고, 눈으로는 주변을 꼼꼼히 분석해보자. 일단 직접 걸어보면 소음이 심한 지역이라 배제해야 한다든지 아니면 지도에 없는 매력적인 상점들이 숨어있는 공간이라든지, 게스트하우스에 적합한 주변 환경을 더 자세히 분석할 수 있다. 걸으면서 위치가 좋은 동네의 사진을 찍어도 좋고 산책을 마친 후 다시 지도를 살펴보며 차분하게 분석해볼 수도 있다.

창업을 위해 새로 찾은 동네든 원래 살던 동네든 간에 여행자의 시선으로 새롭게 바라보고 신중하게 게스트하우스의 위치를 결정하자. 커다란 트렁크를 들고 걸을 만한 거리인지, 늦은 시간에도 처음 방문하는 이가 쉽게 찾아올 수 있는 곳인지, 여행자의 호감을 자아내는 곳이 주변에 많은지 직접 걸으면서 느껴보자. 위치에 대한 주인장의 고민과 선택은 결국 게스트하우스를 찾은 이들에게 고스란히 전해지기 마련이라는 점을 명심하자.

때로는 과감하게 지방을 공략하자

오늘날의 서울은 게스트하우스 전성시대라고 해도 과언이 아니다. 게스트하우스가 밀집된 대표적인 지역으로는 역사적인 유적이 많은 종로나 서울의 옛 모습이 남아있는 북촌, 24시간 쇼핑이 가능한 명동과 동대문, 연극의 메카로 꼽히는 대학로를 들 수 있다. 여기에 공항철도가 정차해 편리한 홍대 지역과 유흥 문화를 자랑하는 강남, 가로수길로 유명한 신사동 일대 등 도심에도 게스트하우스가 몰려있다. 외국인 여행자의 증가와 함께 서울시에서도 도시민박업을 장려하고 있는 상황이라 게스트하우스는 날로 늘어만 간다.

올레길 열풍과 함께 게스트하우스 문화를 이끌어온 제주도 역시 현재 약 500여 개의 게스트하우스가 영업 중일 정도로 꾸준히 인기를 이어가고 있다. 2013년 한 해 동안만 2006년의 두 배에 달하는 약 1000만 명이 제주도를 찾았을 정도로 여행자 또한 급속히 늘고 있다. 물론 제주도는 지금 게스트하우스 포화 상태라는 말이 있긴 하지만 그만큼 유

입되는 여행자도 늘고 있어 특색 있는 게스트하우스를 만든다면 살아남을 여지는 충분하다.

요즘에는 과감히 지방에서 게스트하우스를 시작하는 사람도 늘고 있다. 레드오션 상태인 서울과 제주도에서 경쟁하는 것보다는 이제 게스트하우스 문화가 소개되고 있는 단계인 지방을 공략하는 것이 더 승산 있다는 판단에서다. 그렇다면 과연 게스트하우스로 뜨는 지역은 어디일까?

최근에는 부산을 비롯해 인천, 경주, 전주, 통영 등의 도시에 다양한 콘셉트의 게스트하우스가 자리를 잡기 시작했다. 부산에는 이미 구도심과 해수욕장을 중심으로 한 관광 인프라가 존재한다. 따라서 모텔과 같은 숙박업소가 자연스럽게 게스트하우스로 변화하는 추세이며 지금도 소규모 게스트하우스가 도시 곳곳에 생겨나고 있다.

인천의 경우 인천국제공항에서 가까운 지리적 이점을 내세운 게스트하우스가 많지만, 최근에는 개항기의 근대 건축물이 남아있어 독특한 분위기를 풍기는 구도심에 게스트하우스를 오픈한 경우도 있다. 특히 인천 중구의 구도심 일대는 차이나타운, 개항장, 일제 강점기의 건축물과 함께 근대 건축물을 개조해 만든 인천아트플랫폼이 자리 잡고 있어 근대와 현대가 공존하는 매력적인 여행지로 손꼽힌다.

역사의 도시 경주, 맛과 한옥의 고향 전주, 느린 여행의 대명사 통영은 이미 내국인들에게는 인기 여행지로 자리 잡은 곳이다. 이 도시들은 2012년 서울과 제주도에 게스트하우스가 급속도록 생겨난 즈음부터 게스트하우스가 하나둘씩 문을 연 지역이기도 하다. 이밖에 여수나 순천처럼 엑스포와 박람회를 개최해 많은 여행자들이 유입된 경험이 있는 지역에서도 몇몇 게스트하우스들이 자리를 잡은 상태이다. 다만 도시가 아닌 산악지대나 농어촌 지역에는 아직 게스트하우스보다 펜션이 많다.

　서울에서 2층짜리 단독주택을 임대하여 게스트하우스를 운영할 비용이면 서울을 벗어난 지역에서는 집을 매입하여 게스트하우스를 만들 수 있다. 아직은 지방의 게스트하우스가 활성화되지 않은 상태지만 점점 커지고 있는 내국인의 국내여행 시장과 외국인 여행자의 유입을 생각하면 지방의 게스트하우스도 충분한 경쟁력이 있다.

이런 게스트하우스 어때요?

- 위치가 정말 좋은데 크기와 시설은 그럭저럭 보통인 경우
⇨ 공사를 하면 OK!

- 시설은 좋은 편인데 위치가 살짝 애매하며 크기도 작을 경우
⇨ 매출이 나오지 않을 정도의 크기라면 NO, 충분한 매출이 나올 만한 크기라면 홍보로 위치의 단점을 보완한다.

- 크기가 아주 작은데 위치와 시설이 좋은 경우
⇨ 다양한 사람들이 만나는 곳보다는 가족을 위한 게스트하우스나 하우스 렌트용 게스트하우스로 이용 가능하다.

- 크기가 아주 크고 위치와 시설은 별로인 경우
⇨ 시설과 홍보에 많은 돈을 들여 큰 규모의 게스트하우스를 운영할 생각이 아니라면 투자한 비용 이상의 수익을 내는 것이 어려울 수 있으니 신중히 고려하자.

- 크기와 시설은 좋은데 위치가 나쁜 경우
⇨ 역에서 도보 15분 이내라면 고려해볼 만하지만 그 이상 멀다면 재고하는 것이 좋다.

부동산 중개업소에서 좋은 매물 찾기

공간을 얻는 가장 좋은 방법은 부동산 중개업소를 이용하는 것이다. 무엇보다 원하는 공간을 빠르게 찾을 수 있고 안전하게 거래할 수 있다는 큰 장점이 있기 때문이다. 단, 아무리 작은 동네라도 부동산 중개업소마다 보유한 매물이 다르므로 원하는 지역이 있다면 여러 군데의 부동산을 직접 다녀봐야 한다. 게스트하우스가 많이 밀집된 지역이라면 게스트하우스에 특화된 매물을 소개하는 곳도 있으니 부지런히 발품을 팔자.

   부동산 중개업소를 통해 매물을 찾는다고 하더라도 게스트하우스를 열고자 하는 지역에 대해 잘 파악하고 있는 것이 좋다. 스스로 파악해놓은 지역적 특성에 중개업자만이 알고 있는 지역의 동향을 더하면 더더욱 좋은 매물을 찾을 수 있기 때문이다. 원하는 공간의 형태와 위치를 미리 생각해두어야 중개업소가 추천하는 매물이 자신이 그리는 게스트하우스와 잘 매치되는 공간인지 쉽게 파악할 수 있다.

위치를 선정할 때 고려해야 할 세 가지

1. 대중교통 수단과 가까운 곳이 좋아요!

게스트하우스를 운영하기에 가장 좋은 위치는 대중교통 수단, 특히 지하철역으로부터 도보로 5분 내에 닿을 수 있는 곳이다. 교통이 편리할 뿐만 아니라 유명한 식당이나 쇼핑가, 극장이나 박물관처럼 게스트하우스 주변에 볼거리, 즐길 거리가 많은 곳이라면 더더욱 좋다. 특히 단기 여행자들은 이동시간이 긴 여행은 지양하기 때문에 명소나 관광지와 가까운 숙소를 선택하기 마련이다. 더불어 걸어서 번화가까지 가기 편리하면서도 조용하고 잠들기 편한 환경이라면 금상첨화다.

2. 교통편이 좋지 않다면 게스트하우스의 매력으로 어필해요!

대중교통을 이용하기에 조금 먼 거리라도 이를 상쇄시켜줄 게스트하우스만의 매력이 있다면 괜찮다. 일주일 이상 여행하는 장기 여행자에게는 5~10분을 더 걷더라도 숙박료가 싼 것이 게스트하우스 선택의 1순위 조건이다. 따라서 시설 대비 숙박료를 상대적으로 저렴하게 책정한다면 지리적 단점을 극복할 수 있다. 또한 게스트하우스에서 운영하는 카페나 식당이 있다든가 혹은 다양한 프로그램을 제공하여 여행자가 머물 만한 요소를 만든다면 이를 집중적으로 홍보할 수 있다.

3. 거리도 멀고 개성도 없는 게스트하우스라면 곤란해요!

가장 안타까운 경우는 찾아오기 힘든 위치에 있으면서 특별함도 없는 게스트하우스다. 외진 시골에 하나밖에 없는 게스트하우스라거나 여행 성수기 때 숙박시설이 모자라는 경우라면 다르겠지만, 요즘같이 게스트하우스가 붐을 이룬 환경에서는 아무 특징 없는 게스트하우스는 장기적으로 살아남기 힘들다. 따라서 위치가 애매하거나 걸어서는 지하철이나 공항버스 등 대중교통 수단에 닿을 수 없는 곳이라면 픽업 서비스나 체크아웃 시 대중교통편까지 무료로 배웅해주는 서비스 등을 만들어 경쟁력을 갖추자.

PART 2

떠올리기만 해도 가고 싶은, 게스트하우스 만들기

Chapter 1
**여행자의 마음을
사로잡는
공간 인테리어를
고민하라**

M

주인장의 낡은 레코드판 하나가 콘셉트가 된다

이제껏 머릿속으로만 상상해왔던 나만의 게스트하우스를 인테리어 시공을 통해 현실화할 차례다. 여행자에게 꼭 필요한 부분을 고려하면서, 내가 원하는 것을 반영하는 것이 게스트하우스 인테리어 계획의 핵심이다.

객실 형태별 게스트하우스 스타일

도미토리로만 구성된 게스트하우스는 객실 크기에 따라 2층 침대를 2~5개 놓고 공용의 욕실과 거실 겸 주방을 갖추어놓은 형태다.

개별실만 있는 게스트하우스는 1~2명이 사용하기 좋은 방을 갖추

게스트하우스라고 꼭 도미토리 형태일 필요는 없다. 더블 룸과 트윈 룸은 커플이나 친구가 묵기에 적합한 객실 형태다.

고 있으며, 객실 안에 욕실까지 딸려있다. 공용 주방이 있어 아침 식사나 간단한 조리도 가능하다. 주로 커플 단위의 여행자들이 많이 찾는 관광지에서 볼 수 있는 형태다.

'도미토리+개별실' 형태의 게스트하우스는 보통 2명을 위한 개별실과 혼자 여행하는 사람을 위한 저렴한 도미토리를 함께 갖춘 형태다. 배낭여행자들이 많이 찾는 게스트하우스의 특성상 가장 흔한 구조라고 볼 수 있다.

공간 분위기에 따른 게스트하우스 스타일

모던형 게스트하우스는 도심 특히 서울에서 많이 볼 수 있는 형태로 감각 있는 인테리어가 특징이다. '프티(Petit) 호텔'로 불릴 만큼 작은 호텔급의 인테리어를 자랑하는 건 물론, 개인 수건과 화장솜, 면봉 같은 어메니티(Amenity) 서비스까지 제공하는 곳도 있다. 모던형 게스트하우스의 대부

여러형태의 게스트하우스가 피명...

분은 빌라나 원룸 건물, 단독주택을 모던하고 세련된 분위기로 리모델링 하여 만든다.

한옥 게스트하우스는 말 그대로 한옥을 현대식으로 개조하여 게스트하우스로 이용하는 경우다. 한옥의 특성상 좌식 공간이 주를 이루고 침대보다는 두툼한 요를 깔고 자는 경우가 많다. 주로 2인실이나 가족실을 갖추고 있지만, 외국인이 많이 찾는 게스트하우스의 경우에는 2층 침대를 들여놓는 곳도 있다. 이때 2층 침대라도 원목으로 제작하면 한옥의 따뜻한 분위기를 살릴 수 있다. 한옥의 구조상 주거공간에서 약간 떨어진 곳에 욕실이 있는 경우가 많은데, 북촌의 어느 한옥 게스트하우스는 객실마다 개별 욕실을 만들어 인기가 있다.

나만의 이야기로 풀어낸 인테리어 스타일

기존의 게스트하우스 스타일을 분석했다면 이제 여행자가 원하는 것과 주인장의 이야기를 엮어 인테리어를 계획할 차례다. 화려한 공간 인테리어를 내세워 홍보할 것이 아니라면 지나치게 많은 비용을 들여서 게스트하우스를 뜯어고칠 필요는 없다. 여행자가 필요로 하는 것을 충분히 준비하고 낯선 곳을 찾은 사람에게 좋은 인상을 남길 수 있는 곳이라면 그것으로도 괜찮다.

자칫 인테리어를 소품을 나열하는 '꾸미기'나 비싼 비용을 들여 뜯어고치는 것으로 생각하기 쉬운데, 인테리어란 결국 공간을 이용해 원하는 콘셉트를 보여주는 행위를 말한다. 어떤 형태적 제약 없이 주인장이 가진 이야기를 잘 보여줄 수 있는 장치가 곧 인테리어인 것이다.

물론 소품을 나열하는 것에 주인장의 의도가 반영되었다면 의미가 있다. 가령 버스 카드나 지하철 티켓처럼 주인장이 평소에 자주 사용하는 물건들을 전시하는 것만으로도 외국인 게스트에게는 한국인의 일상을 구경하는 재미있는 체험이 될 수 있다. 때론 게스트하우스 구석에 쌓인 낡은 레코드판들이 주인장의 모습을 대변하기도 한다. 전달하고 싶은 내용을 콘셉트로 삼아 공간을 구성하고 소품을 적절히 활용하여 이야기를 풀어내는 것은 훌륭한 인테리어 전략이다.

다섯 개의 도미토리가 있어 총 20여 명의 인원이 머무를 수 있는 게스트하우스를 떠올려보자. 여기까지는 다른 게스트하우스와 크게 다른 점을 못 느낄 것이다. 그러나 주인장이 맛있는 밥을 함께 나누어 먹는 것을 중요하게 생각하는 곳이라면 공간이 넉넉하고 동선이 자유로운 주방을 만들 수 있다. 20여 명의 손님 모두가 둘러앉을 수 있는 커다란 테이블을 두어 아침 식사를 함께하는 분위기를 만드는 것만으로도 충분히 다른 게스트하우스와 차별화될 것이다.

게스트하우스 인테리어에서 중요한 것은 주인장의 이야기를 바탕으로 공간 콘셉트를 잘 세워 원하는 게스트하우스를 제대로 구현해내는 일이다.

활기찬 게스트하우스를 꿈꾼다면 낮 시간, 특히 체크인 시간에 작은 소리로 흥겨운 음악이 흘러나오게 선곡해보자. 창문이나 테라스로 통하는 문에 신경을 써서 바람과 빛이 잘 통하는 공간을 만드는 것도 훌륭한 방법이다. 한쪽 벽을 과감하게 원색으로 칠해 강렬하고 활기찬 인상을 줄 수도 있다. 또한 게스트들이 편하게 드나들 수 있고 밤이면 삼삼오오 모여 놀 수 있도록 방음이 잘되는 공용 공간을 만들어 자유롭게 어울릴 수 있게 하자.

청결을 중요하게 생각하는 주인장이라면 게스트하우스의 컬러 콘셉트를 화이트로 잡아 자주 청소하고 관리한다는 인상을 만들 수 있다. 수건과 침구를 삶고 빨 수 있는 세탁실을 만들거나 건조기를 설치하는 것도 한 방법이다. 욕실과 주방 인테리어에는 물때가 쉽게 닦여 청소하기 쉬운 타일을 사용한다.

인테리어 시공뿐 아니라 아주 간단한 장치를 통해 청결한 게스트하우스의 이미지를 만들 수도 있다. 바로 청소 시간, 청소 방법과 같은 정보와 함께 게스트하우스가 자랑하는 침구 세탁 과정을 일러스트 액자로 만들어 사람들이 자주 드나드는 게스트하우스 공간에 작품처럼 걸어두는 것이다. 저렴한 비용으로 인테리어 효과와 정보 전달이라는 두 마리 토끼를 동시에 잡을 수 있어 추천하고 싶다. 또한 소품과 생필품을 깔끔하고 정갈하게 수납하고 배치하는 것도 청결한 게스트하우스의 이미지를 만드는 인테리어 아이디어다.

앞서 말했듯이 게스트하우스 인테리어에서 중요한 것은 주인장의 이야기를 바탕으로 공간 콘셉트를 잘 세워 원하는 게스트하우스를 제대로 구현해내는 일이다. 예컨대 활기차고 소통이 잘되는 게스트하우스를 만들겠다는 마음을 먹고선 공용 공간 하나 없고 어두운 복도 양쪽으로 도미토리가 잔뜩 있는 게스트하우스를 만들었다면, 공간 구성이 아무리 좋다 한들 의도했던 콘셉트에 전혀 맞지 않는 결과물이 된다. 따라서 자신이 꿈꾸는 게스트하우스 콘셉트를 잘 표현하기 위해서는 공간 구상, 컬러 및 가구 배치, 동선 등 다양한 요소를 염두에 두고 인테리어를 진행하는 것이 대단히 중요하다.

주인장의 이야기를 담아내는 단계별 인테리어 전략

주인장의 이야기가 잘 녹아있는 게스트하우스는 크게 3단계의 인테리어 전략으로 접근하면 한결 쉽게 만들 수 있다.

Step 1. 큰 틀에서 내가 원하는 공간의 모습을 결정한다.
Step 2. 객실/욕실/공용 공간의 형태를 결정한다.
Step 3. 색감과 스타일을 결정한다.

A. 보드게임이 콘셉트인 게스트하우스 인테리어

Step 1		항상 북적이는 게스트하우스를 만들고 싶다. + 주인장의 취미는 보드게임
Step 2	객실	모든 객실을 도미토리 4~6인실로 구성하여 수용 가능한 인원을 최대한으로 늘린다.
	욕실	남녀 욕실을 분리하고 샤워기는 적어도 네 개 이상 만든다. 샤워 가능한 욕실과 변기가 있는 화장실은 별도로 분리한다.
	공용 공간	마당이나 옥상이 있는 단독주택이라면 바비큐 파티를 열 수 있는 공간을 만든다. 단독주택이 아니라면 거실에 큰 테이블을 두어 게스트들이 둘러앉아 보드게임을 즐길 수 있도록 한다.
Step 3		컬러 콘셉트는 밝고 경쾌한 느낌의 원색을 사용하고 최근 유행하는 스타일로 철재와 목재를 함께 활용한다. 보드게임을 종류별 혹은 국가별로 20가지 이상 모아서 한자리에 잘 보이게 전시한다.

B. 정원이 테마인 게스트하우스 인테리어

Step 1	여행자가 편안하게 쉴 수 있는 고급스러운 게스트하우스가 되고 싶다. + 주인장의 취미는 식물 기르기

Step 2	객실	2인실로만 공간을 구성하거나 4인 가족실을 추가로 만든다. 객실의 방음과 온도, 습도에 특히 신경을 쓴다.
	욕실	객실마다 개별 욕실을 설치한다.
	공용 공간	공용 공간은 차분하게 책을 읽을 수 있는 서재 형태로 구성하고 안락한 의자나 푹신한 소파를 비치한다. 공간 형태에 따라 야외나 실내에 정원을 만들어 주인장이 키우는 식물 곁에서 게스트가 휴식을 취할 수 있게 한다.

Step 3	전체적인 컬러는 베이지, 연한 그레이로 정해보자. 정원으로 통하는 서재나 거실에는 따뜻한 느낌의 그린으로 포인트를 주고 목재를 이용한 인테리어로 부드러운 느낌을 더한다. 정원은 화분만 세워놓지 말고 마치 야외 정원에 온 느낌이 들도록 나무를 심어 풍성하게 만든다. 예상치 않게 식물에 둘러싸여 시간을 보낼 수 있다면 도시여행자에게는 좋은 경험이자 휴식이 될 것이다.

식물은 게스트하우스에 생기를 불어넣는 멋진 인테리어 장치다.

N

잠을 부르는 환경도 인테리어 전략이다

아무리 게스트하우스가 저렴한 숙박업소의 대명사라 하더라도 여행자가 묵어가는 공간이므로 숙면의 요소에 대해 고민해볼 필요가 있다. 내가 '잠'을 게스트하우스의 중요한 요소로 생각하게 된 데에는 여행자로서의 경험이 가장 컸다. 언젠가 묵었던 한 게스트하우스는 창사이로 찬바람이 너무 심하게 들고 보일러를 세게 튼 탓에 공기가 건조해서 잠을 설칠 수밖에 없는 환경이었다. 반면 6명이 빼곡하게 들어찬 어느 도미토리에서는 실내 온도와 습도가 잘 맞아 편안하게 숙면을 취했던 기억도 난다. 인테리어는 공간을 이용해 원하는 콘셉트를 보여주는 일이지만 빛, 온도, 습도 등의 조건을 이용해 살아있는 공간을 만들어내는 일이기도 하다. 따라서 숙면을 부르는 환경도 중요한 인테리어 전략이다.

◀ 인테리어는 공간을 이용해 원하는 콘셉트를 보여주는 일이지만 빛, 온도, 습도 등의 조건을 이용해 살아있는 공간을 만들어내는 일이기도 하다.

은은한 조명은 숙면을 부르는 중요한 인테리어 요소다. 객실마다 침대맡에 조명을 달거나 테이블 위에 개성 있는 조명을 마련해보자.

물론 주인장이 고심해서 만들어놓은 숙면의 환경을 게스트가 바로 눈치채지 못할지도 모른다. 하지만 고된 여행길, 낯선 게스트하우스에서 한숨 푹 자고 난 다음 날에는 분명 그곳이 달리 보인다는 사실을 잊지 말자. 잠에서 깨어 '다시는 오고 싶지 않다'는 생각이 드는 게스트하우스와 다시 찾고 싶은 게스트하우스 중 어느 쪽이 될지는 얼마나 여행자의 입장에서 인테리어를 계획했느냐에 달려 있다.

숙면을 부르는 세 가지 인테리어 요소

여행으로 지친 몸을 이끌고 게스트하우스에 도착했다. 따뜻한 샤워로 몸을 노긋노긋 녹이고 객실 문을 열었을 때, 스르르 잠들 수 있는 포근한 방이라면 더할 나위 없이 좋을 것이다. 숙면을 부르는 객실을 만들기 위해서는 다음의 세 가지 요소를 명심해야 한다.

- chapter 1 여행자의 마음을 사로잡는 공간 인테리어를 고민하라

게스트하우스 개별실의 경우, 빛을 차단하고 프라이버시를 보호하는 차원에서 창문에 커튼이나 블라인드를 설치해야 한다.

1. 개별 등과 커튼으로 다른 사람을 배려하는 '빛'

밤은 어둡다. 그러나 도시의 밤은 때때로 낮보다 밝다. 빛은 잠을 방해하는 요인 중 하나다. 게스트하우스 개별실의 경우, 빛을 차단하고 프라이버시를 보호하는 차원에서 창문에 커튼이나 블라인드를 설치한다. 그러나 도미토리는 개별실과는 달리 함께 숙박하는 인원이 많아 상대적으로 객실을 드나드는 빈도가 높기 때문에 불가피하게 빛에 자주 노출될 수밖에 없다. 따라서 도미토리에는 각 침대마다 개별 커튼과 개별 등을 달아 늦은 시간에는 가급적 메인 조명을 사용하지 않도록 한다. 늦은 밤에 깨어있는 사람들을 위해 화장실로 향하는 복도나 공용 공간에 은은한 조명을 설치해놓는 것도 좋은 방법이다.

주인장이 고심해서 만들어놓은 숙면의 환경을 게스트가 바로 눈치채지 못할지도 모른다. 하지만 고된 여행길, 낯선 게스트하우스에서 한숨 푹 자고 난 다음 날에는 분명 그곳이 달리 보인다는 사실을 잊지 말자.

2. 인테리어 과정부터 운영까지 늘 신경 써야 하는 '소음'

많은 사람이 함께 지내는 공간에서 소음을 차단하기란 참 어렵다. 그래서인지 게스트하우스를 찾는 사람들 또한 지나치게 큰 소음이 아니라면 불편으로 생각하지 않고 받아들이는 편이다. 다만 밤늦은 시간까지 공용 공간에서 지나치게 떠드는 일은 피해야 한다. 혹여 주인장이 그 무리에 끼어 잠을 청하는 게스트에게 불편을 끼친다면 게스트로선 상당히 불쾌한 감정이 생길 수밖에 없다.

 소음으로 게스트의 잠을 방해하는 사태를 막기 위해서는 인테리어 시공 때부터 이를 염두에 두어야 한다. 아무래도 소음이 생길 수밖에 없는 공용 공간은 객실과 다른 층에 배치하거나 조금 떨어진 곳에 위치시켜 소음이 바로 전달되지 않도록 만든다. 물론 게스트하우스에 묵는 모두를 위해 늦은 시간에는 실내에서 목소리를 낮출 수 있도록 체크인 때부터 안내하는 것도 필요하다.

3. 아주 작은 배려로 편안한 공간을 만드는 '온도와 습도'

이런 것까지 신경을 써야 하나 싶지만 온도와 습도는 숙면과 쾌적한 생활을 위한 필수 요소다. 여름철 실내 적정 온도는 섭씨 22~26도, 겨울철 실내 적정 온도는 섭씨 18~20도 사이이며 습도는 50% 안팎으로 유지하는 것이 좋다. 한옥, 단독주택, 아파트처럼 건물 형태에 따라서 온도와 습도를 유지하는 방식은 달라진다. 또한 중앙 보일러를 사용하는 집이라 하더라도 각 방마다 온도와 습도가 제각각일 수 있다. 온돌로 된 한옥 게스트하우스의 경우 라디에이터(Radiator)나 난로를 켜는 다른 게스트하우스보다 덜 건조하지만 그 또한 한옥에 따라 다를 수 있다.

겨울에는 찬바람이 들지 않도록 방한에 신경 쓰는 것이 난방비를 절약하는 지름길이다. 가습기나 공기청정기를 갖춰두거나 방마다 천연 가습기인 식물이나 숯을 놓아두는 것도 쾌적한 숙면에 도움이 된다.

잠 게스트하우스 인테리어 스타일,
우리 집 같은 편안함 훔쳐보기

잠 게스트하우스 홍대점을 열기 위해 찾아낸 60㎡(18평)의 공간은 테라스가 너무 넓어 정작 사용할 수 있는 공간은 50㎡(15평) 남짓이었다. 잠 게스트하우스의 공간 콘셉트는 '우리 집처럼 푹 잠들 수 있는 편안함'이었기에 공간의 크기보다는 시설과 분위기에 초점을 맞추어 인테리어에 공을 들였다.

넓지 않은 공간이기에 가구를 최소화해서 여백을 남기고, 대신 공용 공간인 부엌과 테라스를 집처럼 따뜻한 분위기로 꾸몄다. 직접 가구를 짜서 설치하고, '각양각국'의 게스트가 남긴 메모와 폴라로이드 사진을 벽에 붙여 작은 공간의 단점을 장점으로 바꿔놓았다.

손으로 직접 만든 원목 가구

작지만 따스한 분위기를 살리기 위해 기본적으로 가구는 원목을 사용해 직접 제작했다. 침대의 경우, 원하는 모양을 스케치하여 을지로 가구거리를 돌아다니며 만드는 방법에 대한 조언을 구했고, 마침내 한 목공소에서 실현 가능한 멋진 방법을 배울 수 있었다. 게스트하우스의 특성상 수건이 많이 필요하기 때문에 수납장을 직접 짜서 사용했고, 부엌에는 수납함이 달린 테이블을 만들어 좁은 공간을 실용적으로 활용할 수 있었다.

에스닉 패브릭으로 연출한 침구와 커튼

잠 게스트하우스는 그 이름처럼 '잠'을 푹 잘 수 있는 편안한 공간을 추구했기에, 매트리스와 침구, 커튼에 특히 신경을 썼다. 그리고 기본적이지만 중요한 원칙을 세웠다. 질 좋은 제품을 사용할 것! 청결 상태를 늘 확인할 것! 그리고 주인장의 취향을 반영한 에스닉(Ethnic)하거나 알록달록한 패브릭을 단색의 패브릭과 섞어 연출할 것!

백열등과 스탠드로 꾸민 조명

객실에는 따뜻한 느낌을 주는 백열등과 스탠드를 설치했다. 통유리창으로 된 테라스에도 개별 조명을 달고 스탠드를 놓아 늦

은 밤에도 독서를 할 수 있게 하고, 게스트들이 이야기를 나눌 때 아늑한 분위기를 연출할 수 있게 하였다.

주인장의 취향을 담은 소품

거실에는 잠 게스트하우스의 로고를 활용한 스티커, 주인장의 취향을 담아 고른 여행 도서들과 함께 커다란 메모보드도 비치했다.

테라스에는 커다란 세계지도를 걸고 푹신하고 길쭉한 소파를 두어 게스트들이 편안하게 여행 계획을 짜거나 이야기를 나누고 때로는 공연도 즐길 수 있게 하였다. 초록의 식물로 싱그러운 느낌을 더하고, 겨울에는 따뜻한 온기와 빛을 줄 난로도 설치했다.

내추럴한 페인팅 컬러

벽 전체에 페인팅을 하되 원색보다는 자연스럽고 따뜻한 느낌으로 공간을 연출했다. 각각의 방은 컬러에 따라 파란방, 노란방, 빨간방이라 칭하고 은은하게 색을 표현했다. 한쪽 벽을 포인트 컬러나 칠판 페인트로 색다르게 연출하여 포토존이나 알림사항을 적어두는 곳으로 활용할 수도 있다.

게스트 간의 동선을 연구한 공간 구성

게스트하우스는 분명 공용 숙소지만 때론 여행자들이 자신만의 시간을 지킬 수 있도록 게스트 간의 동선을 연구했다. 개별 화장실을 어떤 게스트에게만 이용하게 할 것인지, 가구와 공간 배치를 어떻게 해야 방음이 잘될지에 대해 신경을 썼다.

0

인테리어 업체와는 능동적으로 일하자

잠 게스트하우스 홍대점은 60㎡(18평) 남짓의 작은 공간이었기에 인테리어 업체 없이 나 혼자 인테리어를 도맡아 진행할 수 있었다. 물론 주인장인 내가 가구나 침구 만들기에 관심이 있고 경험도 있어서 가능했던 일이기도 하다. 아주 작은 공간이라면 주인장 혼자서 원하는 모양으로 인테리어를 진행하여 비용을 절약할 수 있다. 하지만 시간을 두고 천천히 게스트하우스를 만들 생각이 아니라면 인테리어 업체와 함께 일하는 편이 빠르고 효율적이다. 혼자서 인테리어 시공을 진행하느라 계획보다 게스트하우스 오픈이 지체된다면 절약하는 비용보다 월세나 체력, 정신력 등 잃는 비용이 더 많을 수 있다. 특히 99㎡(30평) 이상의 큰 집 전체를 짧은 시간 내에 혼자 시공하는 것은 거의 불가능하다. 인테리어 업체와 일하는 것이 쉽지 않겠지만 차근차근 진행하다 보면 어느덧 전문 의뢰인이 되어 있을 것이다.

내 마음에 쏙 드는 인테리어 업체와 일하기

인테리어 업체와 일하는 과정은 크게 3가지 단계를 거친다. 우선 인테리어 업체를 찾고, 마음에 드는 몇 곳의 업체를 정해 견적서를 받은 다음, 최종적으로 결정한 업체와 꼼꼼히 계약서를 쓰고 인테리어를 진행하는 것이 바로 그것이다. 좋은 인테리어 업체를 만나는 것만큼 업체와 많은 이야기를 나누고 원하는 내용을 잘 전달하는 것도 중요하다. 시공 후 보수까지 꼼꼼하게 챙겨주는 인테리어 업체를 선정하여 철저하게 일을 시작하자.

1. 인테리어 업체를 찾는다

인테리어 업체는 다음 세 가지 방법으로 선정할 수 있다. 첫 번째, 자신이 원하는 인테리어 스타일을 구현해놓은 가게나 카페, 게스트하우스를 찾아가서 업체 연락처를 문의하는 방법. 두 번째, 인터넷 검색을 통해 인테리어 업체의 포트폴리오를 보고 결정하는 방법. 그리고 세 번째, 인테리어 공사 경험이 있는 지인의 추천으로 업체를 선정하는 방법이 바로 그것이다.

발품을 팔 수 있다면 동네 인테리어 사무실을 찾아가거나 인테리어 업체가 많이 모여있는 지역을 방문하는 것도 좋다. 인기가 높은 업체일수록 시공 비용이 비싼 경우가 많으니 되도록 원하는 콘셉트를 연출할 수 있는 세 곳 이상의 인테리어 업체를 찾아 견적을 비교해보자.

2. 마음에 드는 인테리어 업체에게 견적서를 받는다

인테리어 업체에 견적을 문의할 때에는 공간 크기, 시공을 원하는 부분(바닥, 벽, 조명, 싱크대, 붙박이 가구 제작, 창문 교체, 문 교체, 화장실 및 주방 설비 교체 등)과 대략적으로 생각하는 예산을 알려주고 이메일이나 팩스로 견적서를 받아보면 된다. 원하는 것이 구체적일수록 업체가 제시할 수 있는 부분이 많다는 것을 기억하자.

　게스트하우스와 거리가 떨어져 있는 업체라면 온라인으로 대략적인 1차 견적서를 받고 견적이 맞으면 현장을 방문하게 하여 구체적인 2차 견적서를 받는다. 가장 좋은 방법은 처음부터 업체와 시간을 맞춰 현장을 답사한 후 견적서를 받아보는 것이다. 공사할 부분이 많고 철거 작업이 필요한 집이라면 인테리어 업체와 함께 반드시 현장을 답사해야 한다. 업체의 현장 답사 없이 견적서만 보고 인테리어 시공을 진행할 경우 추가 비용이 생길 수 있기 때문이다.

3. 계약서를 쓰고 인테리어를 진행한다

업체의 인테리어 스타일과 견적 비용 그리고 시공 날짜 등 원하는 여건이 맞으면 계약서를 쓰고 인테리어를 진행한다. 계약서에 사인을 하기 전에 다시 한 번 비용과 시공하기로 한 내용이 맞는지 잘 확인한다. 내용에 문제가 없다면 계약금으로 인테리어 비용의 20~40%의 금액을 은행 계좌로 입금하고 공사를 시작한다. 공사가 중간 정도 진행되었을 때 중도금을, 공사가 완료되었을 때 나머지 잔금을 보낸다.

견적서와 계약서, 꼼꼼하게 살펴보기

견적서에는 인테리어 업체가 시공할 내용, 자재의 종류와 그 수량, 공급 인력 및 식대 등에 대한 내역이 적혀있다. 인테리어 업체로부터 견적서를

— chapter 1 여행자의 마음을 사로잡는 공간 인테리어를 고민하라 —

받으면 의뢰한 항목들이 자세히 기입
되어 있는지, 그 방법이나 기간이 합
리적인지, 시공을 줄이거나 기간을
단축해 비용을 절감할 수는 없는지
확인하자. 다만 견적에서 비용을 줄
이더라도 공사 기간이 계획보다 길어지면 인건
비가 추가되므로 제시간에 공사를 끝낼 수 있는지 여부
를 재차 확인하는 것이 좋다.

두루뭉술하게 시작된 공사는 결국 산으로 가기 마련이다. 좋은 견적서
는 그만큼 구체적으로 계획했다는 의미와도 같아서, 자칫 일정이 지연되
거나 애초 계획한 방향과 다르게 시공되는 것을 방지하고 공사를 편하게
마칠 수 있도록 해준다. 가령 목공 부분을 언제 시공한다는 정도로 간단히
기입한 견적서와 어떤 나무를 써서 며칠 동안 어디 어디를 시공한다고 구
체적으로 기입한 견적서는 분명히 차이가 날 것이다.

이렇게 구체적으로 적힌 견적서를 시방서(示方書)라고 부른다. 이는 설
계 도면에 적기 어려운 자재의 종류, 시공 방법, 납기일 등을 적은 문서로,
의뢰자가 구두로 요청한 것을 기록해 인테리어 업체가 제공한다. 어려운
이름 때문에 뒤로 밀쳐뒀다간 나중에 뒤통수를 맞을 수도 있으니, 꼭 기억
하자. 만약 구체적인 일정과 계획에 대해 선뜻 대답하지 못하는 업체라면
일을 허술하게 진행해 문제가 생길 확률이 높으므로 조심하자.

견적서가 인테리어 시공을 위한 내용 확인의 역할을 한다면 계약서는
그 모든 일을 서로 합의해서 진행하겠다는 문서이다. 계약서의 서식과 형
태는 업체마다 다르지만 특히 눈여겨보고 확인해야 할 부분이 있다. 공사

기간과 공사의 범위, 비용이 추가될 경우 추가 견적서를 제공하는지의 여부 그리고 계약금, 중도금, 잔금의 비율과 지급 날짜는 반드시 확인하자.

- **공사의 하자 보증 방법 및 기간** : 총 계약금의 10%, 하자이행보증증권 제출 또는 현금 공탁, 하자 보증 기간은 통상 12개월
- **공사의 지체 보상** : 공사금액 × 0.002~0.003% × 지체일수
- **분쟁의 조정** : 계약 당사자 간 분쟁 발생 시 '갑'의 소재지 법원을 관할 법원으로 한다.

시공 감리보다 매서운 클라이언트가 되자!

인테리어 업체와 계약까지 끝냈다면 이제 공사를 시작할 차례이다. 공사가 시작되면 업체에 현장 진행을 전부 맡겨두는 것보다는 잠깐이라도 매일 현장에 나가보는 것이 좋다. 인테리어 업체는 짜여진 계획대로만 움직이기 때문에 공간에 애착을 가진 사람만이 볼 수 있는 부분이 분명히 존재한다. 인테리어 회의 때는 생각지 못했던 작은 아이디어를 더하는 것도 공사 현장에서 이루어진다. 적극적으로 참여하여 일하는 인부들의 사기를 돋우고 함께 일한다는 느낌으로 현장을 들여다보자. 다만 현장에서의 지나친 간섭이나 갑작스러운 계획 변경, 개별적인 지시는 금물이다. 의문이 나는 부분이나 개선점을 발견한다면 즉시 현장 소장이나 책임자에게 의견을 전달하여 수정할 수 있도록 하자.

1. 시작이 반! 마음이 맞는 꼼꼼한 업체를 고르자

현장에 매일 나가 모든 사항을 지켜보고 수정을 요구하는 것은 어려운 일

이다. 처음부터 원하는 인테리어 콘셉트와 요구사항을 잘 이해하고 들어주는, 한마디로 말이 잘 통하고 고객의 의견을 경청해주는 업체와 일을 시작하는 것이 중요하다. 소통이 원활해야 믿음도 생기고 결과물도 엉뚱하게 나오지 않으며, 서로 기분 상하지 않고 즐겁게 일을 진행할 수 있다.

2. 반드시 기간 내에 공사를 마무리하자

인테리어 공사의 복병은 공사 기간이다. 인부들의 인건비는 하루 단위로 추가되므로 공사 기간이 길어질수록 비용이 늘어나는 것은 지당한 사실이다. 사전에 공사 기간이 늘어나도 추가 비용이 없다는 조항을 계약서에 명시하거나 계획한 기간 내에 공사가 끝나도록 자주 들여다보는 것이 좋다.

3. 증거를 남겨라

인테리어 공사는 날씨의 영향을 많이 받는다. 특히 추운 날이나 비 오는 날, 습도가 높은 날은 공사를 진행하기가 어렵다. 정직한 업체라면 미리 상황을 보고하고 공사 기간 이후라도 보수를 해주겠지만, 더러는 이를 이행하지 않는 업체도 있다. 따라서 공사 이전에 업체에 요청하여 A/S에 대한 확답을 증거 문서로 받아놓는 것이 좋다. 증서는 정해진 양식이 없어 계약서에 A/S 관련 내용을 함께 기록하거나 문자나 이메일과 같이 서로 확인 가능한 방법으로 남겨둔다. 사실 공사보다 A/S가 더 골치 아픈 법이니 잊지 말고 보수 공사에 대한 합의를 해두자.

P-1

객실, 주방, 욕실을 채우는
필수 살림

가구와 비품을 준비하는 것은 게스트하우스의 내용을 채우는 일이다. 커튼이나 블라인드 같은 기본적인 물품 이외에도 게스트하우스에는 공간별로 챙겨야 하는 필수 비품이 참 많다. 우선 게스트하우스의 필수 공간인 객실, 주방, 욕실을 채우는 필수 살림부터 살펴보도록 한다. 적절한 비용으로 여행자의 편의를 돕는 살림을 마련해 편안히 지낼 수 있는 게스트하우스를 만들어보자.

숙면을 부르는 객실 : 매트리스와 침구 선택하기

잠을 자는 것은 사람에게 가장 기본적이고 중요한 일이다. 튼튼한 매트리스와 푹신한 베개, 촉감 좋은 이불은 언제나 질 좋은 잠을 선사한다. 숙박

◀ 가구와 비품을 준비하는 것은 게스트하우스의 내용을 채우는 일이다. 적절한 비용으로 여행자의 편의를 돕는 살림을 마련해 편히 지내기 좋은 게스트하우스를 만들어보자.

PART 2 떠올리기만 해도 가고 싶은, 게스트하우스 만들기

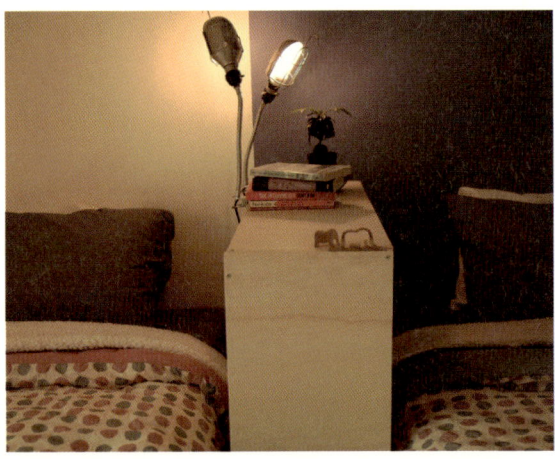

튼튼한 매트리스와 푹신한 베개, 촉감 좋은 이불은 언제나 질 좋은 잠을 선사한다. 합리적인 가격대의 성능 좋은 매트리스와 침구를 골라 고단한 여행자에게 편안한 잠자리를 선사해보자.

료가 저렴하다는 이유로 푹 꺼진 매트리스와 낡은 담요가 놓인 게스트하우스를 떠올릴 필요는 없다. 꼭 비싼 제품이 아니더라도 합리적인 가격대의 성능 좋은 매트리스와 침구를 골라 고단한 여행자에게 편안한 잠자리를 선사해보자.

매트리스는 가격이 비싸더라도 오래 쓸 수 있는 제품을 사는 것이 장기적인 관점에서 비용을 절감하는 길이다. 몇몇 게스트하우스에서는 유명 브랜드의 매트리스를 사용하여 홍보의 수단으로 삼을 정도다. 꼭 유명 브랜드 제품이 아니더라도 튼튼하게 매트리스를 잘 만드는 브랜드의 공장 직영 매장을 찾아 저렴한 가격에 기능이 좋은 제품을 구해보자. 매트리스는 스프링 전체가 연결되어 있는 제품보다 독립 스프링으로 된 제품이 오래 사용할 수 있다. 매트리스를 깨끗하게 유지하기 위해서는 이물질이 스며드는 것을 막아주는 방수 커버를 씌우는 것도 한 가지 방법이다.

베개 솜이나 이불솜은 동대문종합시장이나 지역의 도매시장을 방문하여 비교 견적을 내보면 좋다. 인터넷 쇼핑을 통해서 살 수도 있지만 인터

객실에 옷걸이와 개인 등을 비치하여 게스트의 편의를 돕자.

넷 업체 또한 자체 생산을 하는 곳이 아니라면 도매시장이나 공장에서 떼어다 파는 경우가 많다. 너무 싼 가격만 고집하지 않는다면 시장에서도 얼마든지 좋은 제품을 구할 수 있다. 대량으로 구매하면 가격 조정이 가능하니 흥정을 잊지 말자. 이불솜은 계절에 따라 바꿀지 말지가 중요한데, 한겨울에 침대마다 작은 전기장판을 설치한다면 여름 이불을 그대로 써도 좋다. 혹은 여름에도 덮을 만한 환절기 이불을 기본적으로 사용하고 겨울에는 담요를 추가하는 것도 방법이다.

이불 커버와 같은 침구는 더더욱 선택권이 다양하다. 북유럽 스타일의 예쁜 생활용품으로 유명한 이케아(IKEA)의 침구도 가격 대비 디자인이 좋다. 침구 전문 인터넷 쇼핑몰을 이용하는 것도 좋은 방법이다. 좀 더 개성 있는 나만의 침구를 원한다면 직접 원단시장을 방문하여 마음에 드는 천을 구매하고 수선집에 맡겨보자. 소량이면 직접 원단을 떼어서 주문하는 것보다 기존 제품을 사는 편이 더 저렴하다.

숙면을 부르는 객실 살림

	도미토리	개별실
침대	2층 침대나 싱글 침대	더블 침대나 싱글 침대
테이블과 의자	대부분의 도미토리에는 공간 여유가 없으므로 공용 공간에 비치한다.	하루 일과를 기록하거나 책을 읽을 수 있도록 비치한다.
개인 등	2층 침대라면 침대 머리맡이나 벽에 필수적으로 설치한다.	침대 옆에 보조등을 설치한다.
짐 보관함	자물쇠 달린 개별 보관함을 설치한다.	귀중품 보관함이나 금고를 설치한다.
옷걸이	보관함마다 한 개씩 넣어둔다.	외투를 걸어놓을 수 있도록 네 개 정도 비치한다.
거울	보관함 안쪽에 설치해두면 좋다.	화장대 혹은 전신거울을 설치하면 유용하다.
화장지	도미토리에는 따로 화장지를 두지 않고 거실이나 주방 등 공용 공간에 구비해놓는다.	테이블 위에 비치한다.
이불	이불솜은 1명당 한 개씩 준비하고 여분으로 한두 개 더 구매한다. 이불 커버는 1명당 두 개씩 준비해놓는다.	
베개	베개 솜은 1명당 한 개씩 준비하고 여분으로 한두 개 더 구매한다. 베개 커버는 1명당 두 개씩 준비해놓는다.	
침대시트	1명당 2~3장씩 준비해놓는다.	

아침을 여는 주방 : 아침 식사 스타일에 맞춘 비품과 필수 살림

게스트하우스 손님이 식구가 되는 길은 바로 주방에서부터다. "밥 먹었어?"란 말이 인사말과도 같은 우리나라 사람들은 함께 밥을 먹으며 친해진다고 해도 과언이 아닐 것이다.

주인장이 원하는 아침 식사 스타일에 따라 식탁의 크기는 달라진다. 많은 사람이 동시에 밥을 먹기를 원한다면 식탁의 크기는 커지고 의자의 개수는 많아질 것이다. 공간이 넉넉하지 않다면 거실이나 다른 공용 공간으로 식사 장소를 옮길 수도 있다.

카페를 함께 운영하는 게스트하우스의 경우 객실로는 음식물 반입을 금지하고 카페 공간에서 아침 식사를 하기도 한다. 게스트하우스가 수용할 수 있는 인원수만큼 그릇과 수저, 컵을 구비하는 것은 기본이다. 여기에 게스트하우스의 분위기에 따라 소주잔이나 와인잔을 따로 구비하는 것도 좋다. 이 경우 와인 따개는 필수다. 쉽게 구하기 어렵고 챙겨 다니는 사람도 드물기 때문이다.

게스트하우스에 가장 필요한 살림 중 하나는 정수기다. 여행자 중에는 물을 사먹기보다 게스트하우스에서 준비해 나가는 것을 더 선호하는 사람이 많다. 컵라면과 같은 간단한 즉석식품을 먹기에도 온수 기능이 있는 정수기가 편리하다. 정수기에 온수 기능이 없다면 전기주전자를 꼭 구비하도록 한다. 토스트를 아침 식사로 준비하는 게스트하우스가 많기 때문에 토스터와 커피머신 또한 게스트하우스의 필수 아이템이다.

게스트의 조리를 허용하는 곳이라면 당연할 테고 설사 조리 시설이 없는 공간이더라도 냉장고는 필수다. 게스트가 사온 음식이나 과일, 음료 등을 보관하기 위해서다. 공용 냉장고의 일정 부분을 게스트를 위한 공간으로 지정하고 냉장고 앞에 포스트잇을 놓아 각자의 음식에 이름을 남기도록 유도하자. '누가 내 음식 먹었어!'라는 불평을 만들지 않는 좋은 방법이다.

아침 식사가 기다려지는 주방 살림

식기	밥그릇, 라면 그릇, 개인 접시, 큰 접시 등을 최대 숙박 인원수에 맞게 준비한다.
수저/포크/나이프	숟가락, 젓가락, 포크, 나이프는 인원수대로 준비하고 여분으로 2~4벌 비치한다.
물컵	수량은 인원수의 1.5배로 준비한다. 유리컵의 경우 깨질 위험이 있으므로 여분을 넉넉하게 준비해놓자.
술잔/와인잔	게스트하우스 스타일에 따라 소주잔이나 와인잔을 준비하되 유리잔이 부담스러우면 일회용 잔으로 구비한다.
냄비/프라이팬	조리가 가능한 게스트하우스라면 한두 개씩 준비하자.
조리기구	집게, 주걱, 뒤집개, 주방 가위, 병따개, 와인 따개는 기본적으로 준비해놓자. 특히 병따개나 와인 따개는 여행 중에 쉽게 구할 수 있는 것이 아니고 여행에 필요한 물건도 아니므로 필수적으로 구비한다.
세제/스펀지	설거지용 주방 세제와 스펀지도 필요하다.
정수기/전기주전자	여행자가 쉽게 허기를 채울 수 있는 즉석식품에는 뜨거운 물이 필수이므로 정수기를 설치한다. 온수 정수기가 없다면 전기주전자를 구비해놓자.
전자레인지/전자오븐	반조리식품을 먹거나 음식을 데워먹는 데 용이하므로, 전자레인지나 전자오븐을 구비하는 편이 좋다.
토스터	대부분의 게스트하우스가 아침 식사로 토스트를 제공하므로 토스터는 필수다.
커피머신	아침 식사에 커피를 무료로 제공할 때는 물론, 이후 시간에는 유료로 커피를 판매할 수도 있다.
냉장고	많은 사람이 공용으로 사용하는 만큼, 숙박 인원이 많다면 주인장의 냉장고와는 별도로 게스트용 냉장고를 구비해놓자.

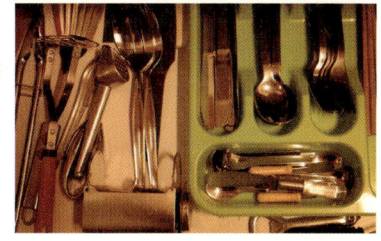

주방 살림은 게스트하우스가 최대로 수용할 수 있는 인원수보다 넉넉하게 준비한다.

여행의 피로를 푸는 욕실 : 기본적인 시설부터 공간 배치까지

여름에는 땀을 식혀주는 시원한 등목, 겨울에는 찬 공기에 얼어붙은 몸을 따뜻한 물로 녹이는 샤워가 꿀맛이다. 특히 여행자에게 샤워는 여정의 피로를 풀어주는 중요한 요소이다. 따라서 여행 후 개운한 샤워가 주는 행복은 게스트하우스의 만족도로 이어진다.

  욕실은 무엇보다 알맞은 온도로 물이 잘 나오고 적절한 수압을 유지하는 것이 중요하다. 따뜻한 물이 나오기까지 시간이 걸리는 곳이라면 이를 안내하는 글을 적어 욕실 앞에 붙여두는 것이 좋다. 조작이 특이한 샤워기를 설치했다면 샤워기 옆에 안내문을 붙여 게스트가 사용법을 몰라 욕실 안에서 쩔쩔매지 않도록 유의하자. 수도세를 아끼고 싶다면 공중목욕탕에서 많이 쓰는 타이머 샤워기를 설치하는 것도 한 방법이다.

목욕용품 비치 여부는 선택사항이다. 급히 떠나오느라 미처 목욕용품을 챙겨오지 못한 게스트를 위해 샴푸나 보디 클렌저, 치약 정도를 기본적으로 마련해둘 수도 있고 여성 게스트의 편의를 위해 폼 클렌저, 면봉, 화장솜까지 두루 갖출 수도 있다. 목욕용품은 서비스의 영역이라고 생각하고 게스트하우스의 스타일과 월 지출을 따져 목록을 결정하면 된다. 가격이 아주 저렴한 도미토리의 경우 비누와 치약만 비치하기도 한다.

많은 사람이 함께 쓰는 공용 욕실은 남녀별로 사용할 곳을 지정해주는 센스가 필요하다. 늦은 밤 샤워하는 소리로 게스트의 잠을 방해하지 않기 위해 방음이 잘되는 욕실을 만든다면 게스트하우스에 대한 만족도는 훨씬 높아질 것이다. 사람이 몰리는 것을 방지하기 위해 욕실과 화장실을 분리하는 것도 하나의 방법이다. 욕실이 붐벼 예정된 여행 일정이 늦춰진다면 게스트의 불편이 이만저만이 아닐 것이므로 이 부분을 특히 신경 쓰도록 하자.

여행 후 개운한 샤워가 주는 행복은 게스트하우스의 만족도로 이어진다.

게스트하우스의 만족도를 높여주는 욕실 살림

	공용 욕실	개별 욕실
세면대	숙박 인원 대비 넉넉하게 마련하거나 객실별로 사용할 수 있는 세면대를 지정하는 것도 방법이다.	기본적으로 한 개는 반드시 설치한다.
화장실	화장실은 샤워가 가능한 욕실과 분리하여 변기만 설치해 만들 수도 있다. 또한 남녀별로 화장실을 나누어 사용하게 한다. 무엇보다 화장실이 넉넉하게 있는 것이 중요하다.	2인실에 딸린 개별 욕실이라면 샤워시설과 변기를 함께 설치하자. 그러나 게스트하우스 수용 인원이 많은 곳이라면 욕실과 화장실을 분리해서 활용하는 것이 편리하다.
세제	샴푸, 보디 클렌저, 치약 등을 무료나 유료로 사용할 수 있도록 구비해놓자.	객실 가격대에 따라 샴푸, 보디 클렌저, 핸드 클리너, 폼 클렌저 등을 준비하자.
수건	수건을 기본적으로 제공하는 곳은 넉넉하게 준비해야 하고, 여행자가 개별적으로 준비해야 하는 곳이라면 유료로 대여해준다.	1명당 세면 타월 두 개 혹은 목욕 타월 한 개는 필수로 구비해놓자.
샤워커튼/샤워부스	샤워부스 없이 세면대와 변기가 함께 있는 욕실이라면, 커튼을 설치해서 샤워할 때 주변에 물이 튀는 것을 방지하는 센스를 발휘하자.	
옷걸이	옷이 젖지 않도록 걸 수 있는 옷걸이나 수납장은 필수다.	
생리용품	편의시설이 멀리 떨어져 있을 경우 리셉션에서 유료나 무료로 구할 수 있도록 구비해두자.	

P-2

주인장의 개성이 묻어나는
공간 살림과 소품

객실과 욕실, 주방이 게스트하우스의 필수적인 시설이라면 나머지 공간은 주인장의 기호에 따라 다양한 형태로 꾸밀 수 있다. 단 공간별 형태를 정할 때는 얼마나 많은 사람이 묵을 것인지, 효율적으로 공간을 활용할 수 있는 방식은 무엇인지를 고민해야 게스트에게 더욱 편리한 공간을 제공할 수 있다.

여행자들이 교류하는 공간, 거실

거실은 게스트들이 삼삼오오 모여서 여행담을 나누고 술자리를 갖기도 하는 곳이다. 따라서 많은 사람이 여유 있게 둘러앉을 공간이 있다면 금상첨화다. 좌식이든 입식이든 게스트들이 편안하게 사용할 수 있는 공간으로 만들어보자.

TV가 있다면 DVD 몇 장과 플레이어를 마련하여 함께 한국 영화를 보는 프로그램을 운영할 수도 있다.

여행자들을 돈독하게 만드는 거실 살림

테이블	함께 밥을 먹거나 이야기를 나누는 공간인 만큼 게스트들이 모두 둘러앉을 수 있는 큰 테이블을 하나 놓거나 작은 사이즈의 테이블을 여러 개 비치하자.
소파	거실을 좌식 공간으로 만든다면 소파가 없어도 상관없지만 여행에 지친 몸을 편히 뉘일 수 있도록 편안한 소파를 비치하면 좋다.
TV	조용한 게스트하우스를 추구하는 곳이라면 굳이 마련할 필요는 없다. 그게 아니라면 거실에 TV를 두어 게스트가 시간을 때우거나 함께 어울려 뉴스나 쇼 프로그램을 즐기도록 한다.
DVD 플레이어	TV가 있다면 DVD 몇 장과 플레이어를 마련하여 함께 한국 영화를 보는 프로그램을 운영할 수도 있다.
공용 컴퓨터	게스트가 다음 번 묵을 숙소를 예약하고 이후 여정을 준비할 수 있도록 인터넷 사용이 가능한 공용 컴퓨터를 비치해두면 좋다.
와이파이 라우터	무선 인터넷은 게스트하우스의 필수 조건! 거실은 물론 모든 방에서 인터넷 이용이 가능하도록 하자.
여행 도서	국내여행 도서는 물론이고 비교적 이동 거리가 짧은 아시아 국가에 대한 여행 도서를 구비해놓자. 여행자들이 다음 여행 계획을 세우는 데 도움을 줄 뿐더러 여행 분위기를 내기에도 좋다.

게스트하우스의 인상을 좌우하는 현관

게스트하우스는 보통의 가정집보다 드나드는 사람이 많기 때문에 신발을 많이 수납할 수 있는 오픈형 신발장을 갖추는 것이 좋다. 게스트의 대부분이 외국인인 경우라면 현관에서 신발을 신고 벗는 문화가 생소할 수 있다. 이 경우에는 편히 앉아서 신발을 갈아 신을 수 있도록 작은 의자를 준비하는 센스를 갖추자. 현관은 게스트하우스의 첫인상을 심어주는 곳이므로, 자신만의 콘셉트를 보여줄 수 있는 인테리어나 소품에 신경을 쓰는 것이 좋다.

야외 공간을 활용하자 : 발코니·테라스·마당

야외 공간은 많은 사람으로 붐비는 게스트하우스에서 숨통을 틀 수 있는 소중한 공간이다. 특히 흡연자에게는 고마운 공간이 아닐 수 없다. 정원이 있는 단독주택이라면 야외 공간에 해먹을 달아 게스트가 휴식을 취할 특별한 공간을 제공할 수도 있고, 바비큐 파티를 열거나 야외에서 아침 식사

테라스에는 푹신한 소파를 두어 게스트가 조용히 휴식을 취할 수 있는 환경을 만들 수 있다.

를 즐길 수도 있다. 야외 공간 인테리어에서 잊지 말아야 할 점은 외관에 너무 치중하기보다는 게스트가 편하게 사용할 수 있도록 공간을 구성하고 이에 대한 안내문을 제공해야 한다는 것이다.

여행 정보는 모두 여기에, 서재

요즘은 인터넷에서 여행 정보를 쉽게 찾을 수 있지만 종이책의 감성은 여전히 여행자에게 중요하다. 따라서 게스트하우스가 여행자를 위한 숙소인 만큼 지도를 펼쳐놓고 일정을 짜거나 책을 읽을 수 있도록 작은 서재를 만드는 것도 좋다. 거실 한곳에 여행 정보를 모아두는 서재 코너를 만들거나, 아예 거실을 서재와 겸할 수 있도록 커다란 책장을 비치할 수도 있다.

이제는 기본인 인터넷 서비스

인터넷 강국인 우리나라에서처럼 무선 인터넷을 이용하기 쉬운 나라도 없다. 공공장소는 물론 카페나 식당에서도 무선 인터넷 서비스를 무료로 제공하는 요즘, 게스트하우스에도 무선 인터넷 설치는 필수다. 게스트가 자유롭게 여행 정보를 검색할 수 있는 공용 컴퓨터를 거실에 설치하거나 별도의 인터넷 룸을 만들어놓은 곳도 많다.

가정용 무선 공유기는 많은 사람이 한꺼번에 사용할 경우 느려지거나 실행이 어려운 경우가 있으므로 게스트하우스의 인원수를 고려해 적당한 기능을 갖춘 무선 공유기를 사용하자. 간혹 고시원에서 사용하는 월정액 10만 원이 넘는 대용량 인터넷을 설치하라는 경우도 있지만, 속지 말자. 230㎡(70평) 이하 주택에서는 고속 인터넷을 설치하고 무선 공유기를 층마다 설치하는 것으로도 충분하다. 공유기로부터 멀리 떨어진 방이 있다면 전파가 잘 닿지 않을 수 있으니 별도의 공유기를 달아준다. 개별실이라면 특히 방 안에서 각종 업무를 보거나 인터넷을 사용하는 경우가 많으므로 특별히 신경 쓰자.

게스트하우스의 특성을 보여주는 소품 선택 노하우

기본적인 시설을 갖추었다면 이제 게스트하우스 곳곳을 주인장의 취향이 반영된 물건들로 꾸밀 차례다. 인기 있는 게스트하우스를 벤치마킹해서 귀여운 인형, 아기자기한 액자, 세계지도 등을 일부러 살 필요는 없다. 자신이 원래 좋아하던 것, 취미로 모으던 것 혹은 갖고 싶었던 것을 모아 나만의 공간을 꾸미는 것으로도 충분하다. 때론 낡았지만 관리가 잘된 장롱 하나, 국내에서는 구하기 힘든 피규어 하나가 게스트하우스의 이야기가 된다.

벽 한쪽을 갤러리처럼 만들 수도 있다. 가족들의 옛 모습이 담긴 사진을 걸어놓을 수도 있고 여행 중에 찍은 다양한 나라와 도시의 풍경 사진을 전시할 수도 있다. 반려동물의 사진이나 좋아하는 영화 포스터, 공연 티켓도 모아둔다면 재미있는 작품이 된다. 미술을 전공했거나 취미로 그림을 그리는 사람이라면 직접 그린 작품을 방마다 하나씩 걸어둘 수도 있다. 요리를 좋아하는 사람이라면 요리에 자주 사용하는 천연조미료나 자주 먹는 잡곡을 유리병에 담아, 주방 선반에 장식처럼 예쁘게 놓고 사용해도 좋다.

인기 있는 게스트하우스를 벤치마킹해서 귀여운 인형, 아기자기한 액자, 세계지도 등을 일부러 살 필요는 없다. 자신이 원래 좋아하던 것, 취미로 모으던 것 혹은 갖고 싶었던 것을 모아 나만의 공간을 꾸미는 것으로도 충분하다.

주인장이 식물을 키우는 것을 좋아한다면 잘 가꿔놓은 베란다 정원이나 마당도 남다른 인테리어가 될 수 있다. 또 자전거 타는 것에 취미가 있는 사람이라면 게스트용으로 저렴한 자전거를 몇 대 마련해 현관에 놓아보자. 이것만으로도 실용성과 인테리어 효과를 모두 만족시킬 것이다. 더 나아가 게스트들에게 유료로 자전거를 빌려주거나 자전거를 타고 주변 동네를 돌아보는 투어 프로그램을 만들 수도 있다. 이처럼 주인장의 일상과 취향이 반영된 것이라면 무엇이든 인테리어 포인트가 될 수 있다. 게스트하우스는 앞으로도 계속 주인장이 돌보며 지내야 할 공간이므로 자신이 잘 유지할 수 있는 방식으로 공간을 꾸미자. 분명 게스트들은 작은 소품도 즐거이 관찰하며 주인장의 취향에 공감해줄 것이다.

여행자에게 도움을 주는 시크릿 비품

여행 가방의 무게 때문에 챙겼던 물건을 다시 꺼내놓거나, 출발한 후에야

빠뜨린 비품이 생각나는 경우가 있다. 여행 중 잠시 들린 게스트하우스에서 이러한 비품을 만난다면 분명 게스트하우스의 인상이 달라질 것이다. 여행자의 입장에서 아주 사소한 것까지 신경 쓰는 주인장이 되어보자.

짐 무게를 달 수 있는 체중계

항공편으로 이동하는 여행자의 경우 수하물의 무게가 일정 기준 이상을 초과하면 추가 요금을 물어야 한다. 짐을 쌀 때 미리미리 조심할 수 있도록 무게를 잴 수 있는 체중계가 있다면 센스 만점. 특히 외국인 여행자가 많이 오는 게스트하우스라면 적극 추천한다.

단체 사진을 찍을 수 있는 포인트 벽, 포토 존

예쁜 포인트 벽을 만들어두면 여행 중 만나 친해진 게스트들끼리 혹은 주인장과 게스트가 함께 어울려 즐겁게 사진을 찍을 수 있다. 포인트 벽은 여행의 기억을 간직하는 데 한몫하는 멋진 인테리어다.

추억을 남기는 폴라로이드 사진기

디지털 카메라가 흔한 시대지만, 즉석에서 바로 필름 사진을 나누어 가질 수 있는 폴라로이드 사진기는 추억을 나누는 느낌까지 선물한다. 필름 값이 부담스럽다면 유료로 이용할 수 있게 하자.

있으면 정말 편리한 프린터

요즘이야 휴대폰으로 온갖 여행 정보를 찾을 수 있지만, 예전에는 여행 정보나 지도를 프린트하지 않으면 일일이 손으로 쓰거나 그려야 했다. 물론 오늘날에도 프린터는 게스트하우스의 필수품이다. 특히 장기 여행자나 중년의 외국인이 많이 찾는 게스트하우스라면 프린터를 꼭 준비해놓자.

여행자의 피로를 풀어주는 안마 의자

오랜 여행과 무거운 짐으로 지친 여행자들에게 게스트하우스에서 만나는 안마 의자는 어느 마사지 가게보다도 고마운 존재다. 특히 마사지 가격이 만만찮은 우리나라에서라면 더더욱 고맙다. 하다못해 발마사지기라도 갖추는 건 어떨까?

게스트하우스 기념 스탬프

친구에게 보내는 엽서에 게스트하우스 기념 스탬프를 하나 찍어 보내는 것도 여행을 기억하는 근사한 방법이다. 게스트하우스의 로고나 특징을 살린 재미있는 스탬프를 만들어 리셉션이나 공용 공간에 놓아두자.

Fantastic Rooftop

옥상이 있는 단독주택이라면 바비큐 파티를 열거나 작은 정원을 만들 수도 있다.

Chapter 2
**공간을 만드는
과정부터
미래의 게스트와
공유하라**

Q

**남들 다 해서 더 어려운 홍보,
이것만은 챙기자**

주인장의 이야기가 곧 홍보 포인트라는 것을 잊지 말자

홍보란 막연히 생각하면 참 어려운 것이지만, 단순히 생각하면 타깃을 찾아 게스트하우스의 장점과 정확한 정보를 전달하는 것이다. 다시 말해 게스트하우스를 찾고 있는 사람에게 제대로 정보를 전달하고 매력을 느끼도록 하여 예약으로 이어지게 하는 것이 홍보의 기본이자 제대로 된 홍보라고 할 수 있다. 특히 서울을 찾는 외국인 여행자를 수용할 객실이 부족한 요즘 같은 때에는 적절한 홍보가 바로 게스트하우스의 매출로 이어진다. 따라서 본격적으로 게스트하우스를 오픈하기 전부터 홍보에 공을 들이도록 하자.

　게스트하우스는 온라인 홍보가 필수다. 온라인 홍보를 위해서는 블로그, 홈페이지, 숙박 예약 사이트 등 다양한 매체를 이용할 수 있다. 이때 중요한 것은 사진부터 소개 글까지 다른 게스트하우스와는 차별화되는 콘텐츠로 온라인 홍보를 해야 한다는 것이다.

대충 찍은 사진에 '어디에 위치한 방 몇 개짜리 게스트하우스'라고 덧붙이는 것은 누구라도 할 수 있다. 게스트하우스를 실제로 보지 못한 채 멀리서 찾아올 사람들은 이 공간을 운영하는 주인장이 누구인지, 어떤 취향을 가졌고 어떤 삶을 살아가는지 궁금해한다. 게스트하우스 공간에는 항시 주인장의 취향이 녹아 있기 마련이고 주인장이 어떤 사람인지에 따라 여행이 더 재미있어진다는 것을 알기 때문이다.

개인적인 이야기를 노출하는 것이 부담스럽다면 여행자를 위해 게스트하우스에서 어떤 것을 고려하고 준비했는지를 전달하자. 어떤 마음으로 게스트하우스를 열었고 여행자를 위해 어떠한 시설을 갖추었는지 좋아하는 친구에게 소개하듯 다정하게 이야기하자. 이것이 바로 주인장만의 '내용'이자 홍보의 포인트다.

홍보를 할 때는 유의할 점이 있다. 자신의 게스트하우스에 맞는 타깃이 모인 곳을 찾아 그들이 흥미를 가질 만한 내용을 정확하게 전달하는 것이다. 가령 일본인을 대상으로 하는 게스트하우스를 만들고 싶은데 서양인이 많이 오는 숙박 예약 사이트에 영문으로만 게스트하우스를 소개한다면, 적절한 타깃을 찾지 못한 것이다. 일본인을 대상으로 하고 싶다면 일본 사람들이 가장 많이 찾는 숙박 예약 사이트나 숙소 공유 서비스를 알아내서 일본어로 자신의 게스트하우스를 홍보해야 한다. 혹은 영미권 예약 대행 사이트에 일본어로 추가 설명을 덧붙이는 것도 방법이다.

이 경우에도 여행자의 입장에서 생각해보자. '일본인 여행자들에게 가장 필요한 것 그리고 그들이 선호하는 것은 무엇일까?' '나의 게스트하우

"잠 게스트하우스에서 고단한 하루를 달래주는 편안한 잠을 청하세요." 홈페이지에 한국어, 영어, 일본어로 적은 소개 글은 게스트하우스 콘셉트는 물론 타깃까지 분명히 드러낸다.

스가 그들에게 적합한 공간이라는 것을 어떻게 하면 제대로 알릴 수 있을까?' 최고의 홍보란 자신의 게스트하우스가 가진 이야기를 적절한 상대에게 정확히 전달하는 것이라는 사실을 기억하자.

홍보는 오픈 전부터! 공간을 만드는 과정부터 공유한다

게스트하우스를 만들고자 결심했다면 이 결심을 실행으로 옮기고 고민하는 모든 과정을 블로그나 인터넷 커뮤니티, SNS와 같은 매체에 공유하면서 홍보를 시작할 수도 있다. 주인장이 어떤 마음으로 게스트하우스를 만들기로 하였고, 게스트하우스가 어떤 과정을 통해서 지금의 모습을 갖추게 되었는지를 잠재적 손님들과 함께 나누는 것이다. 게스트하우스 오픈 전부터 블로그를 방문하던 사람이라면 자신이 지켜봐 오던 곳을 직접 가보게 된다는 기대감을 갖고 게스트하우스를 찾게 된다.

게스트하우스 오픈 과정을 공유하는 방법에도 여러 가지가 있다. 대부분의 경우 주기적으로 게스트하우스 블로그나 주인장의 SNS를 통해 인테리어 공사 과정을 기록하고, 준비 과정에서 생긴 문제점과 함께 이를 해결한 방법과 느낀 점을 공유한다. 이는 앞으로 게스트하우스를 열고자 하는 사람들에게 유용한 정보이자 어떤 고민을 통해 게스트하우스가 탄생했는지를 알려주는 매력적인 콘텐츠가 된다. 또한 블로그 방문자나 주인장의 지인들에게 게스트하우스에 들인 정성과 시간을 보여줌으로써 사전 홍보의 역할도 톡톡히 한다.

블로그가 아닌 인터넷 커뮤니티를 이용하면 더욱 탄탄한 멤버십을 구축할 수 있다. 게스트하우스 커뮤니티에는 단순히 하룻밤 묵을 곳을 찾는 사람보다 게스트하우스 창업 혹은 지역 정보에 관심이 있거나 주인장의 마인드에 공감하는 사람들이 모이기 마련이다. 따라서 인터넷 커뮤니티를 개설했다면 게스트하우스를 만들어가는 과정과 함께, 지역을 대표하는 먹거리 같은 정보나 지역 소식을 함께 소개하는 것이 좋다. 가령 제주도로 터전을 옮긴 젊은 주인장이라면 빡빡한 도시의 삶에 비해 여유 있는 일상을 일기 쓰듯 기록해보자. 이것만으로도 제주도로의 이사를 준비하거나 꿈꾸는 이들을 불러모을 수 있다.

예약을 부르는 블로그와 홈페이지 만들기

이제 게스트하우스 블로그와 홈페이지를 만들어 본격적으로 홍보를 시작해보자. 물론 게스트하우스 블로그나 홈페이지가 없어도 예약 대행 사이트를 이용하면 충분히 숙박 예약을 받을 수 있다. 그러나 자신만의 홍보

게스트하우스를 찾는 사람들은 홈페이지나 블로그에 소개된 공간 사진과 안내 글을 보고 대부분 온라인으로 예약을 진행하기 때문에 자체 홍보 채널은 게스트하우스의 얼굴 마담이나 다름없다.

채널을 만들어두면 공지사항이나 숙박료, 공간 사진처럼 변경되기 쉬운 내용을 지속적으로 업데이트할 수 있고, 자체 홈페이지에서 수수료 없이 바로 예약 진행이 가능하다는 장점이 있다.

또한 숙박 예약 사이트에 미처 올리지 못한 내용을 더 자세하게 기재할 수도 있다. 게스트하우스를 찾는 사람들은 홈페이지나 블로그에 소개된 공간 사진과 안내 글을 보고 대부분 온라인으로 예약을 진행하기 때문에 자체 홍보 채널은 게스트하우스의 얼굴 마담이나 다름없다. 따라서 여행자가 게스트하우스의 분위기를 추측하고 좋은 인상을 받을 수 있는 홈페이지나 블로그 제작에 정성을 들이자.

검색 서비스에 잘 노출되는 블로그 만들기

블로그를 활용하면 게스트하우스 정보뿐만 아니라 운영 이야기나 손님과의 에피소드를 일기를 쓰듯 지속적으로 업데이트하여 활발하게 운영되는 게스트하우스의 모습을 보여줄 수 있다. 특히 포털 사이트의 검색 서비스를 통해 게스트하우스를 찾는 내국인에게는 홈페이지보다 블로그가 접근성이 좋다. 그러나 블로그에는 예약 결제 시스템을 만들 수 없으므로 전화나 이메일을 통한 예약 문의가 필수적이라는 점을 기억하자.

블로그는 만들기도 어렵지 않다. 우리나라 사람들이 많이 사용하는 가입형 블로그 서비스 사이트에 접속해 회원가입을 한 후 원하는 스타일의 레이아웃과 카테고리, 프로필 정도만 설정해도 바로 블로그를 사용할 수 있다.

내국인 게스트를 유치하려면 네이버(Naver)나 다음(Daum)과 같은 포털 사이트에서 블로그를 만들어 운영하는 편이 키워드 검색에 쉽게 노출될 수 있어 유리하다. 외국인과 더 많은 소통을 하고 싶다면 텀블러(Tumblur)나 구글(Google)에서 자체적으로 운영하는 블로그스팟(Blogspot)을 이용하는 것이 좋다. 텀블러나 블로그스팟 모두 구글 검색 서비스에서 잘 노출되는 편이다. 외국인들에게 적극적으로 게스트하우스의 존재를 알리고 싶다면 주변 지역에 대한 소개와 여행 정보가 담긴 영어 블로그를 운영하는 것이 큰 도움이 된다.

게스트하우스의 색깔을 보여주는 홈페이지 만들기

홈페이지는 폰트부터 색상, 레이아웃까지 모두 자신이 원하는 대로 만들 수 있기 때문에 블로그보다 더 쉽게 게스트하우스의 특성을 보여줄 수 있다. 자체적으로 홈페이지 제작이 가능하지 않은 경우라면 주변에서 웹디자이너를 소개받거나 믿을 만한 업체를 찾아야 한다. 내 경우에는 디자이너인 친구들에게 부탁해서 게스트하우스의 홈페이지를 제작한 이후, 유지보수의 문제로 갈등을 겪은 일이 있었다. 물론 업체와는 명확한 계약을 통해 일을 진행하므로 갈등을 겪을 일이 많지는 않다. 그렇지만 계약 전에 해당 업체가 게스트하우스 운영에 꼭 필요한 예약 결제 시스템을 구현할 수 있는지의 여부를 확인해야 한다. 또한 홈페이지 제작 이후에도 계속 내용을 업데이트하고 오류를 수정해줄 수 있는지 반드시 확답을 받도록 하자.

원하는 스타일의 홈페이지가 있다면 사전에 자료를 준비하여 업체와 만나는 것이 중요하다. 만들고 싶은 홈페이지의 모습이 잘 공유된다면 결과물에 대한 만족도도 높아지기 마련이다. 또한 홈페이지 구상 단계에서 서로 의견을 조율하는 데 드는 시간도 줄일 수 있다. 서로의 의도나 원하는 방향에 대한 충분한 공유가 없을 때에는 결과물을 수정하고 보완하는 데 시간과 비용을 낭비하게 되는 경우도 종종 있으니 주의하자.

직접 홈페이지를 만들기로 했다면 웹디자인을 배우거나 워드프레스(WordPress)와 같은 기존의 툴을 이용한다. 시간이 넉넉하다면 고용노동부에서 무료로 진행하는 국비 지원 수업을 신청해 웹디자인을 배우는 방법을 추천한다. 웹디자인에 대해 공부해두면 홈페이지를 개설한 이후에도 직접 업데이트와 수정을 해나갈 수 있어 비용을 절약할 수 있다.

워드프레스로 홈페이지를 만드는 방법은 블로그를 만드는 것과 비슷하다. 워드프레스 사이트(www.wordpress.com)에 가입해서 원하는 레이아웃, 폰트, 카테고리 등을 결정한 뒤 바로 자신의 홈페이지에 적용하면 된다. 이처럼 워드프레스를 이용하면 혼자서도 쉽게 홈페이지를 만들 수 있고 간혹 내용을 업데이트하는 것 말고는 따로 공력을 들일 필요가 없다.

만약 개성 강한 홈페이지를 만들고 싶다면 다양한 표현이 가능한 그래픽 디자이너와 함께 작업하는 편이 좋다. 비용은 디자이너의 능력에 따라 달라지는데, 홈페이지의 기술적인 부분을 해결할 수 있는 디자이너를 찾는 것이 중요하다. 헬로프리랜서(Hellofreelancer)와 같은 구인구직 사이트에서는 일을 구하는 프리랜서 디자이너를 소개하고 있다.

게스트하우스 소개에 꼭 필요한 카테고리

게스트하우스 홈페이지나 블로그를 만들 때는 다음의 카테고리 정보가 반드시 포함되어야 한다는 것을 잊지 말자.

- 게스트하우스와 주인장에 대한 소개 글
- 공간 소개(사진 첨부)
- 객실 타입 및 숙박료(사진 첨부)
- 어메니티(사진 첨부)
- 지도와 주소, 연락처
- 예약 방법 및 숙박료 지불 방법
- 환불 정책
- 운영 방침
- 게스트하우스 SNS 정보

게스트를 배신하지 않는 사진 찍기

홈페이지와 블로그를 이용하여 게스트하우스를
홍보할 경우에는 숙박시설이나 이용 규정 등에 대
한 정보뿐만 아니라 게스트하우스 곳곳을 잘 보여

줄 수 있는 사진도 함께 준비해야 한다. 만약 직접 사진을 찍는 것이 힘들
다면 주변의 지인을 활용하거나 홈페이지 제작 업체에 문의를 하여 사진
가를 고용할 수 있다.

홈페이지나 블로그에 올릴 게스트하우스 사진을 찍을 때는 자신이 의도
한 것을 한 장의 사진에서 보여줄 수 있도록 하는 것이 가장 중요하다. 이
때 좁은 공간을 넓어보이게 하는 광각 렌즈나 특수 렌즈를 사용해 공간을
미화시키면 오히려 손님이 게스트하우스를 직접 보았을 때 실망할 수 있
으니 주의하자. 실제 게스트하우스의 모습과 가장 비슷하게 찍되 자신이
의도한 공간 콘셉트를 잘 보여주는 것이 최고의 사진을 찍는 비법이다.

여기에 게스트하우스의 특징을 보여줄 수 있는 사진도 추가하자. 여행
자가 편히 쉴 수 있는 정원이 있는 게스트하우스라면 정원의 풍요로움이
담긴 사진을, 진수성찬의 아침 식사가 장점이라면 풍성한 아침 식탁의
사진도 좋다. 활기찬 분위기가 특징인 게스트하우스라면 오픈 파티의 모
습을 담은 사진을 사용할 수도 있다. 자신이 가장 보여주고 싶은 게스트
하우스의 모습이 무엇인지를 고민하고 그것을 잘 표현할 수 있는 사진을
찍자.

홈페이지나 블로그에 올릴 게스트하우스 사진을 찍을 때는 자신이 의도한 것을 한 장의 사진에서 보여줄 수 있도록 하는 것이 가장 중요하다.

SNS는 기회다

페이스북(Facebook), 트위터(Twitter)와 같은 SNS는 손님들과의 소통이 중요한 게스트하우스에 알맞은 홍보 수단이다. 요즘엔 인스타그램(Instagram) 처럼 사진 이미지에 기반을 둔 SNS가 대세로, 나만의 이야기와 함께 공간 곳곳의 모습을 사진에 담아 소통하면서 게스트하우스를 알려보자.

방문자와 소통하는 페이스북 페이지 만들기
내 경우 홍보에 딱히 돈을 들일 마음이 없었기 때문에 개인 계정의 블로그

　와 트위터를 통해 게스트하우스 소식을 알리는 한편, 별도로 게스트하우스 전용 홈페이지와 페이스북 페이지(Facebook Page)를 만들어 홍보에 활용했다. 특히 페이스북 페이지를 개설했던 것은 게스트와의 이야기를 일기 쓰듯 기록하고 싶은 욕심이 있었기 때문이다. 페이스북 페이지에 글을 쓸 때는 내가 구사할 수 있는 한국어와 영어를 병기하고, 일본 게스트와 관련된 내용은 웹사이트 번역기의 도움을 받아 일본어로 작성했다. 처음에는 마치 일기장처럼 보였지만 게스트하우스를 다녀간 이들이 늘어날수록 페이스북 페이지 속 이야기도 풍성해졌다. 심지어 게스트하우스에서 만나 친해진 여행자들이 각자의 집으로 돌아간 후에도 댓글로 서로의 안부를 자연스레 물을 정도였다. 페이스북을 통해 예약 문의를 하는 사람까지 생겼으니 게스트하우스 홍보에 전 세계 가입자 수 11억 명 이상이라는 페이스북의 덕을 톡톡히 봤다고 할 수 있겠다.

　페이스북 가입자라면 누구나 무료로 만들 수 있는 페이스북 페이지는 '공유하기' 기능을 통해 게시글이나 이벤트를 쉽게 퍼뜨릴 수 있다. 또한 페이스북 페이지에 올린 글은 로그인을 하지 않아도 방문자에게 모두 공개된다. 게시글의 키워드만 잘 설정하면 구글 검색엔진을 통해 게스트하우스를 찾는 타깃층에게 쉽게 검색되는 것도 장점이다. 페이스북 페이지를 만드는 과정 또한 쉽다. 페이스북 사이트(www.facebook.com)에 로그인한 후 페이지 만들기를 클릭하고 가이드를 따라 차례대로 내용을 기입하면 된다.

페이스북 페이지에 게시글을 작성할 때는 외국인 여행자를 위해서 한국어 이외에도 영어와 일본어 등의 외국어로 함께 표기하는 것이 좋다. 물론 외국어로 글을 쓴다는 것이 누구에게나 쉬운 일은 아닐 것이다. 하지만 적어도 한국어 게시글의 분위기를 전달할 수 있는 내용 정도는 웹사이트 번역기를 이용하여 외국어로 덧붙이는 것이 효과적이다.

빠른 소통이 가능한 트위터 계정 만들기

페이스북과 함께 SNS의 양대 산맥이라 불리는 트위터(www.twitter.com)도 게스트하우스를 홍보하기에 좋은 매체이다. 트위터는 140자로 글자 수를 제한하는 만큼 긴 글을 작성할 수는 없지만 페이스북보다 확산이 빠르다는 장점이 있다. 트위터 사이트에 이름과 이메일 주소만 입력하면 바로 계정을 만들어 사용할 수 있다.

트위터를 시작했다면 적극적으로 자신의 글을 받아보는 팔로워(Follower)를 만들어야 한다. 지인들에게 트위터 계정을 알리고 리트윗(Retweet)을 통해 게시글을 적극적으로 퍼뜨려달라고 부탁하자. 그리고 재미있는 내용을 자주 올려 게스트하우스가 활발하게 운영되고 있는 것을 보여주고, 팔로워들의 게스트하우스 방문을 유도해보자.

검색 등록 서비스 이용하기

SNS 서비스는 아니지만 하나 소개하고 싶은 서비스가 있다. 대부분의 포털 사이트에서 무료로 제공하는 검색 등록 서비스가 그것이다. 검색 등록 서비스는 말 그대로 포털 사이트 검색창에 상호를 입력했을 때 등록된 업체의 기본 정보가 검색되는 시스템이다. 이 서비스를 이용하면 게스트하우스의 주소나 지도, 전화번호 등의 기본 정보를 노출할 수 있어 좋다.

포털 사이트에 검색 등록 서비스를 신청한 후 등록 허가까지 7일 정도의 기간이 필요하다. 일단 게스트하우스의 정보가 등록된 이후에는 딱히 특별한 관리가 필요하지 않다. 반면 얻는 효과는 그 이상이다. 게스트하우스의 소개 글을 주기적으로 변경해주거나 계절별로 이벤트를 공지해주는 것만으로도 작은 부분까지 신경 쓰는 곳이라는 좋은 인상을 만들 수 있다.

명함은 자부심이다

게스트하우스를 소개하는 명함을 만드는 것은 생각보다 중요하다. 공을 들여 만든 게스트하우스일수록 지나가는 사람을 붙잡고라도 알리고 싶은 것이 주인장의 마음이다. 특히 번화가가 아니라 동네 구석에 위치해 찾기 어려운 게스트하우스라면 직접 주변 지역에 게스트하우스 위치와 정보가 적힌 명함을 돌려보자. 게스트하우스 오픈 소식도 알리고 동네 사람들과 인사도 나누는 계기가 될 것이다. 혹시라도 게스트하우스를 찾아온 여행자가 길을 잃었을 때 명함을 받았던 누군가가 길을 알려줄 수도 있는 일이다.

자신의 게스트하우스와 콘셉트가 비슷하거나 다른 도시의 게스트하우

자신의 게스트하우스와 콘셉트가 비슷하거나 다른 도시의 게스트하우스 중 자신이 좋아하는 곳에 명함을 보내는 것도 한 방법이다.

스 중 자신이 좋아하는 곳에 명함을 보내는 것도 한 방법이다. 수령한 명함은 리셉션이나 공용 공간에 비치하도록 부탁해보자. 물론 무작정 명함을 보내는 것이 아니라 사전에 연락하여 양해를 구해야 하며, 마찬가지로 상대 게스트하우스의 명함이나 홍보물을 받아 비치하겠다는 의사를 밝히면 호의적인 반응을 얻을 수 있다. 다른 도시의 게스트하우스 정보를 갖추고 있으면 특히 외국인 배낭여행자들에게 큰 도움이 되기 때문에 일석이조의 효과를 누릴 수 있다.

R

주인장이라면 반드시 알아야 할
온라인 홍보 채널

외국인 여행자의 검색 통로 분석하기

포털 사이트의 검색 등록 서비스부터 각종 여행 정보 사이트나 숙박 예약 사이트에 등록하는 것까지, 온라인을 활용한 적극적인 홍보는 다양한 사람들에게 게스트하우스를 노출하여 매출을 창출하는 중요한 활동이다. 그렇다면 외국인 여행자에게는 어떠한 방법으로 게스트하우스를 홍보해야 할까?

외국인 여행자가 한국에 대한 정보를 얻는 방법에는 《론리 플래닛(Lonely Planet)》과 같이 유명한 여행 가이드북부터 한국으로 여행을 다녀온 친구, 한국인 지인까지 다양한 경로가 있을 것이다. 그러나 가장 쉽게 여러 정보를 얻을 수 있는 곳은 바로 인터넷이다. 실제로도 많은 외국인 여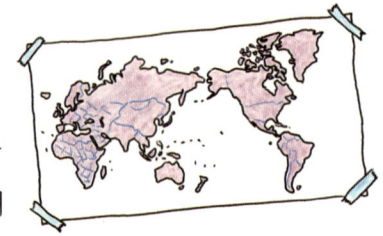

행자가 한국을 소개하는 다양한 블로그, 웹사이트를 방문해 자신의 취향에 맞는 정보를 얻는다. 인터넷을 통한 홍보가 필수적인 이유가 바로 여기에 있다.

전 세계인의 검색창, 구글

영어권 여행자는 물론이고 동남아의 많은 여행자가 구글 검색 사이트(www.google.com)를 통해서 여행지 정보를 얻는다. 영어를 비교적 자유롭게 구사할 수 있는 아시아권 여행자라면 자국의 온라인 사이트에서 얻는 정보와 함께, 구글에서 검색되는 블로그나 여행 정보를 섞어 여행 계획을 짠다.

따라서 구글 검색창에 '한국 게스트하우스(Korea Guesthouse)' '홍대 게스트하우스(Hongdae Guesthouse)'와 같이 몇 글자만 입력해도 자신의 게스트하우스가 검색된다면 이보다 좋은 홍보 방법은 없을 것이다. 이를 위해 영어 블로그를 운영하거나 구글 검색광고를 이용할 수 있다. 구글 검색광고는 구글 계정을 만든 후 구글 애드워즈 사이트(adwords.google.co.kr)에서 등록을 진행하면 된다. 구글 검색광고인 애드워즈는 광고를 노출한 횟수에 관계없이 광고를 클릭했을 때만 비용이 발생하는 시스템이다.

일본인이 신뢰하는 한국 여행통, 코네스트

한국을 찾는 일본인들은 주로 코네스트(www.konest.com)를 통해 여행 정보를 얻는다. 한국인 운영자가 일본인을 대상으로 운영하는 여행 정보 사이트인 코네스트에서는 숙소 정보뿐만 아니라 한국 문화와 음식, 여행 정보도 얻을 수 있다. 또한 이 사이트에는 일본인 여행자들의 후기도 상당히 많다. 코네스트에서는 직접 게스트하우스 등록도 할 수 있는데 사이트 하단의 '회사 소개 및 문의'를 참고하면 된다. 그 부분만 한국어이니 찾기도 쉽다.

숙박 예약 사이트 파헤치기

게스트하우스 홈페이지에 예약 결제 시스템이 없는 경우라면 숙박 예약 사이트를 이용하는 것이 좋다. 이 경우 예약 수수료를 지불해야 한다는 단점이 있지만, 사이트 이용 고객이 확보되어 있는 만큼 게스트하우스 홍보에 많은 도움이 된다.

대부분의 숙박 예약 사이트에서는 무료로 숙박시설 정보를 등록할 수 있는 비즈니스 계정을 제공하며 이후 투숙객의 이용 현황에 따라 수수료를 부과한다. 가능하면 다양한 업체에 게스트하우스를 등록해 노출 효과를 노려보자.

등록 방식도 간단하다. 원하는 사이트에서 회원가입을 한 후 업체 등록을 진행하면 된다. 이들 사이트로서는 등록된 숙박시설이 많아질수록 경쟁력이 생기므로 업체 등록 절차를 간단히 마련하여 제공한다.

단, 트립어드바이저(Trip Advisor)를 제외한 대부분의 숙박 예약 사이트가 한국에 법인 지사가 없는 해외 업체라는 점을 주의하자. 이 경우 국내법의 적용을 받지 않기 때문에 숙박료 환불과 같은 문제가 생겼을 경우 신속한 대응을 기대하기 어렵다. 대신 한국어 사이트를 별도로 지원하고 있으므로 언어 문제는 걱정하지 않아도 된다.

한편 숙박 예약 사이트마다 예약 수수료의 적용 방식과 숙박시설의 등록 절차가 다르므로 사이트별로 운영 정책을 꼼꼼히 잘 살펴보자. 대부분의 사이트는 게스트가 체크인한 날짜로부터 한 달 정도의 시간이 지난 후 숙박료를 이체해준다.

세계 최대의 여행 정보 사이트, 트립어드바이저

트립어드바이저(www.tripadvisor.co.kr)는 전 세계 여행자들이 직접 올리는 숙박시설, 음식점, 관광지 후기를 통해 여행 정보를 얻을 수 있는 사이트다. 한국을 비롯한 39개국에 서비스를 제공하며 월 2억 명 이상이 방문한다고 하니 세계 최대의 여행 정보 사이트라고 할 수 있겠다. 트립어드바이저에는 이용자 수만큼이나 세계 곳곳의 여행지 정보가 가득해 많은 여행자의 신뢰를 받고 있다.

숙박 예약 서비스는 트립어드바이저 사이트 자체에서 제공되는 것이 아니라, 숙소 검색 시 호스텔월드(Hostelworld)나 아고다(Agoda), 부킹닷컴(Booking.com) 등의 최저가 숙박료가 비교 검색되는 형태다. 자연스레, 숙박 예약을 원하는 사람은 검색된 예약 대행 사이트로 이동하여 결제하게 된다. 따라서 트립어드바이저에 숙소 정보를 등록하고 싶다면 다른 예약 대행 사이트를 이용하거나 게스트하우스 홈페이지 내에서 예약이 가능해야 한다.

트립어드바이저에서 자신의 게스트하우스를 소개하고 싶다면 '숙박 시설 등록하기' 페이지(www.tripadvisor.co.kr/GetListedAccommodation)에서 업체 등록을 진행한다. 이때 회원가입이 필요하며 내용 보안을 위해 신용 인증을 거쳐야 한다. 사이트에 숙박시설 정보를 등록했다면 해당 시설에 대한 후기 등록 또한 가능해지는데, 유명한 게스트하우스의 경우 이용자가 업체 등록을 먼저 요구할 수도 있다.

젊은 여행자의 성지, 호스텔월드

호스텔월드(www.hostelworld.com)는 게스트하우스와 비슷한 숙박업소인 호스텔을 주로 다루는 숙박 예약 사이트다. 호스텔월드에는 호스텔뿐만 아니라 호텔도 등록되어 있지만 호스텔월드라는 이름이 가진 의미대로 저렴한 숙소를 원하는 독립적인 젊은 여행자들이 많이 찾는다. 호스텔월드에서 자신이 운영하는 게스트하우스의 숙박 예약을 받고 싶다면, 사이트 하단의 '호스텔 가입' 항목을 눌러 숙박시설 정보를 등록하면 된다.

유럽인이 선호하는 부킹닷컴

부킹닷컴(www.booking.com)은 유럽과 아시아에서 인기 있는 온라인 여행업체 프라이스라인(Priceline)이 인수한 호텔 예약 사이트다. 부킹닷컴은 특히 숙소를 예약할 때 신용카드 정보를 등록할 필요 없이 숙소에 도착해서 결제하는 시스템으로 운영된다. 게스트하우스의 입장에서는 예약한 손님이 체크인할 때 숙박료를 바로 받을 수 있어 좋다. 단 매월 게스트의 숙박 현황에 따라 예약 수수료를 부킹닷컴에 지불해야 한다. 그러나 부킹닷컴에서는 예약 취소 수수료가 따로 부과되지 않아 게스트의 변심으로 쉽게 예약을 취소할 수 있다는 것이 단점이다. 부킹닷컴에 자신의 게스트하우스를 등록하기 위해서는 사이트 하단의 '숙박 업체 등록하기' 페이지(join.booking.com)를 이용하면 된다.

아시아 기반의 숙박 예약 사이트, 아고다

숙박 예약 사이트로는 아시아 시장에서 가장 규모가 큰 아고다(www.agoda.com)는 태국의 호텔 예약 사이트로 출발해 2007년 프라이스라인의 자회사로 인수되었다. 자신의 게스트하우스에 아시아 여행자를 불러모으고 싶다면 아고다 홈페이지 하단의 '호텔 파트너' 페이지(ycs4.agoda.com/ko-kr/)를 클릭하여 아고다의 파트너 업체로 등록해보자.

세계 1위의 온라인 여행사, 익스피디아

프라이스라인과 함께 온라인 여행 업체로서 상위권을 다투는 익스피디아(www.expedia.com)는 현재 호텔스닷컴(Hotels.com)과 트립어드바이저를 보유하고 있다. 마이크로소프트(Microsoft)의 사내 벤처로 출발한 후 여행 산업이 온라인 기술과 결합한 시기와 맞물리면서 미국 온라인 여행사 중 1위로 부상했다. 익스피디아의 숙박시설 등록 페이지(join.expediapartnercentral.com)에서 '연락처' 아이콘을 클릭해 게스트하우스 정보를 기입하면 담당자의 연락을 받고 등록을 진행할 수 있다.

도시민박업 활성화를 위해 구축된 국내 플랫폼 활용하기

문화체육관광부와 서울시에서는 도시민박업의 지원을 받는 게스트하우스들을 홍보하기 위해 이들을 소개하는 사이트를 운영하고 있다. 국가에서 운영하는 사이트인 만큼 공신력 있는 게스트하우스로 인식되는 기회이니 적극적으로 이용해보자.

서울시가 운영해 공신력 있는 서울스테이

서울스테이(Seoul Stay)는 도시민박업과 한옥체험업으로 서울시에 등록된 숙소를 포괄하는 개념의 브랜드다. 서울시는 이들 숙박시설을 소개하고 국내외 숙박 예약 사이트를 안내하는 동명의 도시민박 통합 사이트, 서울스테이(stay.visitseoul.net)를 만들어 운영 중이다.

서울스테이의 경우 숙박 예약 사이트는 아니지만 도시민박업으로 등록된 게스트하우스를 공식적으로 소개하는 곳인만큼, 자신의 게스트하우스가 이에 해당한다면 사이트에 정보를 등록해보자. 숙소 등록은 상시 접수이며, 사이트 공지사항 글에 첨부된 숙소 등록 신청서와 숙소 이미지 파일을 서울관광마케팅(주)의 이메일(seoulstay@seoulwelcome.com)로 보내면 된다.

한국관광공사가 운영하는 코리아스테이

코리아스테이(Korea Stay)는 한국관광공사가 선정한 홈스테이 가정과 비앤비 인증 브랜드다. 코리아스테이로 자신의 게스트하우스를 등록하려면 반드시 도시민박업 지정을 받은 곳이어야 하며, 매년 1회의 신청 기간(2014년의 경우 2월)에 맞춰 직접 등록을 해야 한다. 코리아스테이 사이트(www.koreastay.or.kr)에서 온라인으로 서류를 접수한 후 서류 심사, 현장 심사, 외국어 심사를 거치면 2년간 코리아스테이 호스트로 인증받을 수 있다. 코리아스테이로 인증받은 호스트에게는 한국관광공사 홈페이지에서 예약 서비스를 제공하고 숙소 홍보 마케팅과 함께 서비스 교육 등의 혜택을 지원한다.

요즘 뜨는 비앤비 플랫폼 들춰보기

여행자를 위한 숙소도 시대의 흐름에 맞춰 변화한다. 이제는 단순히 잠자는 공간을 제공하는 것을 넘어 실제 여행지의 삶을 공유하는 새로운 방식의 여행 숙박업이 떠오르고 있다.

집에 남는 빈방을 여행자에게 빌려주자는 단순한 아이디어로 시작한 숙박 형태가 바로 비앤비다. 비앤비는 한 제품이나 서비스를 여럿이 공유해 새로운 가치를 창출하는 공유경제의 대표적인 모델이다. 이에 기반한 비앤비 플랫폼은 전 세계 사람들이 숙소 정보를 공유할 수 있는 플랫폼을 온라인상에 마련하고 이용자에게 중개수수료를 받는 형태로 운영된다.

엄밀히 말하면 게스트하우스가 남는 방을 빌려주는 비앤비의 개념이라고는 볼 수는 없다. 그러나 요즘은 많은 여행자가 비앤비 플랫폼을 통해 묵을 곳을 구하고 있으므로 작은 게스트하우스를 운영하는 사람들도 이를 적극적으로 이용해볼 만하다. 특히 비앤비 플랫폼은 호텔이나 모텔과 달리 주인장이 직접 공간을 소개하고 이야기를 만들어갈 수 있다는 장점이 있다. 따라서 주인장의 애정이 듬뿍 담긴 게스트하우스도 이런 내용과 잘 부합하는 숙박업소라고 볼 수 있다.

비앤비 플랫폼의 원조, 에어비앤비

2008년 실리콘밸리에서 벤처 기업으로 출발한 에어비앤비(www.airbnb.co.kr)는 공간 공유 플랫폼이라는 새로운 개념을 만들어낸 비앤비 플랫폼의 선두주자다. 에어비앤비의 창립자들이 샌프란시스코에서 창업을 준비하던 당시, '국제 디자인 컨퍼런스' 때문에 시내의 모든 호텔과 숙소가 동이 나자 월세라도 벌어볼 겸 아파트 공간 일부를 여행자들에게 빌려준 것이 사업의 시초였다. 이후 에어비앤비는 세계 어디에서나 내 집과 같은 편안함을 느낄 수 있는 '소속감'을 브랜드 정체성으로 내세우며, 지난 몇 년 사이에 회사 가치 10조 원에 달하는 세계 최대의 숙박 공유 업체가 되었다. 현재 에어비앤비에는 190여 개국 약 80만 개의 객실이 등록되어 있으며 2013년 1월에 국내에도 진출해 2015년 12월을 기준으로 국내 등록 숙소가 1만 3000개에 달한다.

에어비앤비는 여느 숙박 예약 사이트보다 숙소를 등록하는 과정이 쉽고 알차다. 숙소 정보를 입력하는 과정에서 얼마나 더 많은 사진을 등록하면 좋을지, 어떤 설명이 여행자에게 적합한지를 매 단계마다 잘 알려준다. 이 때문에 숙소를 등록하는 사람뿐만 아니라 구하는 사람에게도 친절한 사이트다. 에어비앤비에 숙소 등록을 마치고 나면 숙소 예약을 희망하는 여행자와 메시지로 일정을 조정하거나 예약 가능 여부를 알릴 수 있다. 체크인이 완료되면 에어비앤비는 7일 이내에 집주인에게 3% 수수료를 제한 숙박료를 입금해준다.

한국형 비앤비 플랫폼, 비앤비 히어로와 코자자

에어비앤비가 전 세계적으로 인기를 끌면서 한국에서도 비앤비 히어로(www.bnbhero.com)와 코자자(www.kozaza.com) 같은 비앤비 플랫폼이 등장했다. 비앤비 히어로는 한국형 비앤비 플랫폼인 만큼 국내에 특화된 서비스를 제공한다. 비앤비 히어로는 숙소를 구하는 여행자에게 개인 소유의 집부터 한옥, 농촌 팜스테이, 게스트하우스의 빈방을 소개하고 있으며, 내국인뿐만 아니라 외국인도 많이 이용하고 있다. 비앤비 히어로를 통해

예약을 했다면 게스트가 숙소에 체크인하고 24시간이 지난 후, 이상이 없어야 숙박료를 주인장에게 지불한다. 이때 5%의 수수료를 제한 비용을 입금해준다.

소셜 민박 사이트를 꿈꾸고 있는 코자자 역시 국내의 대표적인 빈방 공유 플랫폼으로 손꼽힌다. 코자자는 게스트하우스부터 아파트, 스튜디오, 한옥, 템플스테이 등 다양한 형태의 빈방을 적극적으로 유치하고 있다. 그중에서도 한옥에 집중하여 전국의 한옥 네트워크를 만드는 것을 목표로 한다. 코자자도 다른 비앤비 플랫폼과 마찬가지로 무료로 숙소 등록이 가능하다. 게스트가 체크인하고 24시간이 지난 후, 4%의 수수료를 제외한 숙박료를 주인장의 계좌로 입금해주는 방식으로 운영된다.

PART 3

하루하루가 실전! 시스템으로 운영하기

Chapter 1
**D-30,
운영 방식과
나만의 콘텐츠로
기둥을 세우자**

밑줄 쫙! 키워드로 살펴보는 운영 매뉴얼

게스트하우스 운영에는 예약 방법부터 체크인·체크아웃 시간, 손님과 어울리는 스타일까지 고려해야 할 사항이 많다. 한두 시간 머물다 가는 카페나 음식점과 달리, 게스트하우스는 여행자가 씻고 자고 어울리는 공간이기 때문에 신경 써야 할 부분이 그만큼 늘어난다. 여행자의 입장에서 작은 부분까지 신경 써서 게스트하우스에 대한 손님들의 만족도를 높여보자.

예약 접수는 꼼꼼하고 신속하게!

예약 방법
- 홈페이지
- 숙박 예약 사이트
- 전화 예약

게스트하우스 예약은 주로 인터넷 사이트를 통해서 이루어진다. 게스트하우스 자체 홈페이지나 숙박 예약 사이트를 이용해서 예약을 받을 수 있는데, 작은 게스트하우스를 운영하면서 자동 예약 및 결제 시스템을 갖추기란 어려운 일이다. 일정 수수료를 지불하더라도 숙박 예약 사이트의 결제 시스템을 이용하는 게 더 나을 수 있다.

예약 문의나 예약 요청이 들어왔을 때는 바로바로 응대하고 예약 스케줄에 반영해야 한다. 가령 예약 문의를 받고 12시간 이내에 답하겠다는 식의 자신만의 예약 지침을 세우고 홈페이지에 공지하여 문의한 사람이 기다리지 않도록 한다. 또한 자동으로 예약 문의를 받았다는 문자나 이메일이 보내지도록 설정하는 것도 좋은 방법이다. 제때 예약 상황을 정리하지 못하면 자칫 중복 예약을 받게 될 위험이 있어 예약자와 게스트하우스 모두에게 큰 피해를 줄 수도 있기 때문이다.

예약이 들어오면 홈페이지 내 예약 게시판의 내용을 변경해주어야 한다. 날짜별로 객실이 예약되었는지 아닌지를 일일이 확인하여 변경한다. 반영이 늦어 예약한 손님에게서 재확인 요청이 들어오지 않도록 하는 게 중요하다.

예약이 확정되었다면 예약자에게 그 내역을 문자나 이메일로 보내어 서로 예약 사항을 확인할 수 있도록 한다. 예약 날짜, 객실 타입, 숙박 인원, 체크인·체크아웃 시간 등을 보내면 된다. 숙박료를 입금할 계좌 정보나 현장 결제가 가능한 수단(카드, 현금, 외화) 및 환불 정책도 미리 홈페이지에 고지하고 예약자에게 문서로 다시 한 번 알려주는 편이 좋다.

전화 예약의 경우 통화 가능한 시간을 공지하고 예약이 확정된 후에는 문자나 이메일로 예약 내역을 보내 서로 간에 착오가 없도록 한다. 이때 문서나 문자같이 서로 확인 가능한 매체로 기록을 남기는 것이 중요하다. 전화 예약 역시 일정 시간 내에 홈페이지에 예약 내역을 반영하는 것을 잊으면 안 된다.

손해를 보완하는 예약금

> 예약금은 숙박료의 10~50% 사이로 책정 가능하며, 숙박료 전액을 선불로 받을 수도 있다.

예약금은 예약을 하는 손님과 게스트하우스 사이에 예약 확정을 위해 필요한 금액이다. 체크인 날짜를 바로 앞두고 환불을 요구할 경우에는 게스트하우스 환불 조항에 따라 예약금의 일정 금액을 제외하고 돌려줄 수 있다.

   예약금 제도는 단순 변심으로 예약을 취소할 확률을 낮추고, 설령 예약이 취소되더라도 게스트하우스의 손해를 일정 부분 보완해준다. 숙박 예약 사이트를 이용하는 경우에는 손님이 체크인한 후 게스트하우스에 수수료를 제외한 비용이 입금되므로 예약금 제도가 따로 필요 없다. 숙박 예약 사이트마다 환불 조항의 조정이 가능하므로 미리 알아보자.

기본적이지만 중요한 체크인·체크아웃

> • 일반적인 체크인 시간 : 오후 2시~3시
> • 일반적인 체크아웃 시간 : 오전 11시~정오

체크인과 체크아웃은 손님이 게스트하우스에 처음 도착하여 진행하는 입실과 퇴실 절차를 말한다. 체크인 시간이나 방법은 게스트하우스의 특성에 따라 각기 다르게 정할 수 있지만 손님이 체크아웃한 후 청소나 정리에 필
요한 시간을 넉넉히 잡고 정하는 것이 좋다. 특히 모텔이나 호텔과 달리 게스트하우스는 객실 수가 적으므로 성수기에는 손님이 체크아웃하기 무섭게 청소를 마친 후 바로 다음 손님의 체크인을 진행해야 할 때도 많다. 인력 대비 청소 시간을 잘 가늠하는 것이 반드시 필요한 이유다. 대개의 게스트하우스는 '오전 11시 체크아웃, 오후 2시 체크인' 혹은 '정오 체크아웃, 오후 3시 체크인'이다.

체크인 시간보다 일찍 도착하는 게스트를 위한 서비스를 마련하는 것도 좋다. 거실에서 차를 제공하거나 짐을 보관해주고 동네 지도를 만들어 주변을 산책하도록 권하는 것도 사소하지만 인상적인 서비스가 될 수 있다. 실제로 일찍 도착한 게스트에게 짐 보관 같은 기본적인 서비스는 물론이고 샤워실을 이용할 수 있게 한 게스트하우스도 있다.

개별실로 이루어진 게스트하우스의 경우 침구를 교체하고 객실, 주방 등의 공간을 정리하는 데 3시간이 걸린다면 체크인 시간은 체크아웃 시간으로부터 최소 3시간 후여야 한다. 만약 인력이 충분하여 청소하는 데 30분이 채 걸리지 않는다면 체크인 시간을 체크아웃 이후 1시간 이내로 정할 수 있다.

도미토리를 운영하는 경우에도 체크인 시간 이전에 청소를 완료하는 것이 좋다. 다만 도미토리는 같은 객실에 묵는 게스트라도 체크인 시간이 제각각이므로 일정한 시간대를 정해 청소를 진행할 수 있다. 가령 체크인 시간이 오후 2시라면 그때까지는 미리 침구와 객실 정리를 하고, 공용 공간의 청소는 체크인 시간이 지난 후 진행하는 식이다.

대부분의 게스트는 빨리 체크인해서 늦게 체크아웃하기를 원한다. 따라서 체크인 시간을 빨리 설정하는 것도 다른 게스트하우스와 차별화하는 좋은 전략이 될 수 있다. 간혹 게스트가 늦게 체크아웃을 할 경우가 있는데, 이 경우를 위해 체크아웃 시간 연장에 관한 조항과 별도의 비용을 책정해두는 것이 좋다. 체크아웃 조항 또한 체크인 시 미리 공지하도록 한다.

여행자를 위한 짐 보관과 픽업 서비스

> 짐 보관은 게스트하우스의 필수 서비스지만 픽업 서비스는 게스트하우스의 위치가 대중교통을 쉽게 이용할 수 있는 곳인가에 따라서 필수 혹은 선택사항이 된다.

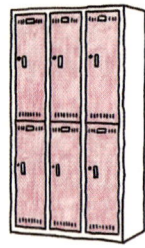

체크인·체크아웃에 필요한 서비스 중 하나가 짐 보관 시설이다. 짐 보관 서비스를 제공할 경우 체크인 시간 전에 도착한 게스트는 청소가 끝날 때까지 짐을 보관해놓고 주변 지역을 돌아볼 수 있다. 반대로 체크아웃하는 게스트일 경우 출국이나 이동까지 시간적 여유가 있으면 짐을 맡겨두고 잠깐 관광을 다녀올 수도 있다. 이처럼 짐 보관이 가능한 게스트하우스는 여행자에게 여러모로 유용하다. 다만 귀중품이 들어있을지도 모르니 보안이 가능한 구역에 짐을 보관하거나 자물쇠가 달린 짐 보관함을 마련하도록 하자. 짐 보관 시에는 미리 귀중품은 없는지 확인하고 사전에 분실 책임에 대한 안내를 하는 것이 좋다.

픽업 서비스는 추가 비용을 내고 게스트하우스까지 픽업을 원하는 사람에게 제공하는 서비스다. 가령 게스트가 늦은 시간에 도착할 예정이라면 공항이나 숙소 근처 역에서 기다렸다가 게스트를 데리고 돌아오면 된다. 게스트하우스의 위치가 대중교통을 이용할 수 있는 곳에서 멀다거나 선뜻 걸어서 오기 힘든 경우라면, 픽업 서비스를 무료로 제공하는 것도 하나의 전략이 될 수 있다. 가령 대중교통이 잘 발달하지 않은 제주도의 경우에는 공항이나 근처 관광지로부터 게스트하우스까지 무료로 제공되는 픽업 서비스가 게스트하우스의 경쟁력이 되기도 한다.

게스트하우스의 꽃, 아침 식사

> 신경 써서 잘 차린 아침 식사는 여행자에게는 단비, 게스트하우스에게는 홍보 포인트가 된다.

아침 식사는 게스트하우스에서 필수 옵션과 같다. 거하게 한 상을 차려주든 간단하게 토스트와 계란을 셀프 서비스로 제공하든, 여행자에게는 그리 중요한 문제가 아니다. 아침 식사가 숙박료에 포함되어 있는 것만으로도 배낭여행자에게는 단비 같은 혜택이 아닐 수 없다.

아침 식사는 종종 게스트하우스의 결정적인 홍보 수단이 되기도 한다. 서울의 한 게스트하우스에서는 화려한 뷔페식 아침 식사를 제공해 큰 인기를 끌고 있다. 또 도시만큼 다양한 식당을 찾기 어려운 제주도에서는 주인장이 정성스럽게 차린 아침 식사만으로도 큰 대접을 받은 것 같아, 다시 한 번 그 게스트하우스를 찾고 싶은 생각이 들게 만든다.

요리에 자신이 없거나 아침 식사 준비가 어려운 주인장이라면 주변 식당을 섭외해 아침을 제공할 수도 있다. 비용이 너무 많이 든다 싶으면 간단히 토스트와 과일 몇 개, 음료를 준비해놓고 셀프 서비스로 마음껏 먹도록 하는 것도 한 가지 방법이다. 특히 주변에 상권이 전혀 형성되어 있지 않거나 아침을 해결할 만한 곳을 찾기 어려운 지역의 게스트하우스라면 더더욱 아침 식사 서비스를 갖추는 것이 좋다.

게스트하우스의 인상을 결정하는 손님맞이

> 주인장이 직접 게스트하우스 곳곳을 안내하는 것은 호감도 상승의 지름길이다.

게스트하우스를 처음 찾은 손님에게 가장 먼저 해야 할 일은 열쇠를 전달하고 게스트하우스 내·외부 공간을 소개하는 것이다. 별다른 이용 규칙이 없는 게스트하우스라면 호텔처럼 카운터 뒤에 서서 안내가 가능하다.

그러나 기왕이면 주인장이 직접 움직이는 것이 좋다. 게스트하우스의 특별함과 고유함은 사람으로부터 나온다. 직접 방문을 열고 들어가 게스트가 이용할 공간과 시설에 대해 자세히 설명해보자. 그러면 게스트도 공간에 대한 이해도와 호기심이 높아져 적극적으로 시설을 이용하게 된다. 내 경우 언젠가 체크인하는 게스트를 맞이하고 급하게 외출을 한 적이 있었는데, 그날 내게 자세한 안내를 받지 못한 게스트가 커튼을 젖혀보지 않아서 방으로 연결된 테라스가 있는지도 몰랐다고 한다. 가능하면 체크인

시에는 숙소 곳곳을 친절하게 소개해 게스트가
마음껏 공간을 이용할 수 있도록 유도하자. 주
인장 스스로도 고심해서 만든 시설을 게스트가
즐겁게 이용해주어야 보람이 있을 테니 말이다.

  게스트하우스 내부 지도를 하나 만드는 것도 좋은 방법이다. 게스트가 체크인할 때 공간별 이용 방법이 적힌 도면을 건네보자. 주인장이 다시 말하지 않아도 게스트 스스로 각 공간별 이용 방법을 숙지할 수 있다. 각 공간마다 무엇이 어디에 있고 어떤 방식으로 사용할 수 있는지를 안내문 형태로 적어 벽면에 부착해놓는 것도 좋다.

게스트와 아름다운 거리 두기

> 게스트에 대한 지나친 관심은 주인장과 게스트, 모두를 피곤하게 만든다. 현명한 주인장은 게스트와 적정선을 잘 지키는 사람이다.

1년에 몇 백 명, 큰 게스트하우스라면 천 명에 가까운 사람들을 계속 즐거운 마음으로 맞이하려면 게스트와의 적당한 거리 두기가 필요하다. 주인장으로서야 좋은 마음으로 게스트를 대하는 것이 당연하겠지만 간혹 지나친 관심은 그들에게 부담을 줄 수 있다. 여행지의 모든 것을 알려주려고 하거나 게스트 한 명 한 명 지나치게 신경 쓰다 보면 도리어 주인장도 힘들어지고 게스트의 입장에서도 스스로 알아가는 여행의 기쁨을 놓치게 되니 주의하자.

모두가 만족하는 공용 공간 사용법

> 게스트들이 자연스럽게 어울릴 수 있는 자리를 만들어주되 적정선을 지키도록 유도하자.

게스트하우스에서 우연히 만나 남은 여정을 함께하거나 친구가 되는 일은 이제 드물지 않다. 이처럼 자연스럽게 서로 어울리고 여행 친구가 되는 것은 게스트하우스 문화의 근간이자 핵심이다. 실제로 많은 게스트하우스에서는 여행자들이 서로 어울릴 수 있는 다양한 프로그램을 만들거나 바비큐 파티를 열기도 한다.

그러나 이때 반드시 고려해야 할 사항은 밤늦게까지 흥에 취한 게스트들이 조용히 쉬고 싶은 다른 이들을 방해해서는 안 된다는 것이다. 이런 일을 대비해서 공용 공간을 사용할 수 있는 시간과 공용 공간에서의 음주 허용 여부에 대해 미리 공지하자. 원하는 사람들은 따로 늦게까지 어울릴 수 있도록 게스트하우스 근처의 술집을 소개하는 것도 좋은 방법이다.

T

**나만의 프로그램 하나로
만족도와 추가 수입까지 UP!**

여행지의 진짜 삶이 여행자에게는 특별한 체험이 된다

낯선 지역을 찾은 여행자가 그 지역을 이해하고 여행을 즐기기 위해서는 투어 프로그램만큼 좋은 것이 없다. 간단한 프로그램이라면 게스트하우스 주인장이 얼마든지 직접 준비하고 진행할 수 있다. 또한 좋은 프로그램이라면 게스트하우스 홍보는 물론 추가 수익을 기대해볼 만하다.

　게스트하우스에서 진행하는 프로그램 가운데 가장 특색있는 것 중의 하나가 바로 '한국 문화 체험 프로그램'이다. 한국의 전통시장은 많이 모습을 감추었지만 몇몇 동네에는 여전히 남아있어 외국인과 타 지역에서 온 사람들에게 색다른 재미를 선사한다. 나 또한 외국인 게스트에게는 한국의 재래시장을 꼭 경험하라고 추천한다. 언젠가 동네 재래시장에 외국인 게스트를 데리고 간 적이 있었는데, 분식점에서 어묵 국물을 마시며 "공짜 수프라니(Free Soup)!"를 연신 외쳤던 그의 모습이 기억난다.

시장은 넉넉한 인심과 다양한 한국 식재료, 우리만의 독특한 조리식품을 만날 수 있는 공간이기에 구경하는 것만으로도 여행자에게 재미를 선사한다. 또한 전국 각지의 오일장에서는 지역 특산물을 맛보고 도시 여행자로서는 구하기 힘든 신선한 과일을 만날 수 있다.

요즘에는 지자체나 지역 단체에서 재래시장 활성화를 위해 '시장 투어 프로그램'을 개발하기도 한다. 일례로 경복궁 근처 통인시장에서는 일정 금액을 내면 각 가게에서 조금씩 음식을 맛볼 수 있는 '도시락 프로그램'을 진행 중이다. 이런 프로그램을 게스트에게 소개하는 것도 시장의 재미를 나눌 수 있는 좋은 방법이다.

단지 먹거리를 사기 위해 시장에 다녀오는 것보다는 부침개같이 간단한 '먹거리 만들기 프로그램'을 함께 진행하는 것도 좋다. 적은 재료로 푸짐하게 먹을 수 있는 것이 우리네 부침개인 만큼 요리 과정을 공유하면서 넉넉하게 나눠 먹을 수 있는 '우리 음식 만들기 프로그램'을 진행해보자. 특히 외국인 게스트에게 좋은 추억을 선물할 것이다.

조금 더 나아가서 '김치 담그기'나 '비빔밥 만들기 프로그램'도 만들 수 있다. '김치 담그기'는 생각보다 간단히 진행할 수 있는 프로그램으로, 미리 절여진 배추를 준비하고 함께 양념을 만들어 버무리는 것만으로도 재미를 선사한다. 튼튼한 보관 용기를 준비해 집으로 돌아가는 게스트에게 자신이 만든 김치를 담아 선물하면 그 또한 특별한 추억이 될 것이다. 또한 '비빔밥 만들기'는 각자의 스타일대로 재료를 이것저것 골라 만들어 먹는 것만으로 충분히 훌륭한 프로그램이 될 수 있다.

게스트하우스의 프로그램은 손님뿐만 아니라 주인장에게도 소중한 경험을 선사하곤 한다. 2013년의 첫날, 잠 게스트하우스를 찾은 일본인 손님들과 함께 떡국을 끓여 먹은 적이 있다. 연초를 맞아 해외여행을 떠나온 그들은 일본에서 설음식으로 먹는 떡과 국수를 만들어주었고, 나 또한 고맙고 미안한 마음에 한국식 떡국을 끓여주었다. 비슷하지만 참 다른 두 음식을 놓고 즐거운 한때를 보냈던 기억이 나에게는 아직도 따뜻한 추억으로 남아있다.

어느 나라를 가든 전통 음식은 고유의 문화로 대접받는다. 햄버거나 피자같이 어딜 가도 만날 수 있는 음식이 늘어났지만 그럼에도 한국에서 만나는 전통 음식은 여전히 특별한 존재다. 전통 음식을 만드는 프로그램은 단지 맛있는 음식을 만들어보는 개념을 떠나 문화를 체험하고 추억을 만드는 일인 것이다.

게스트와 동네 탐방을 떠나보자

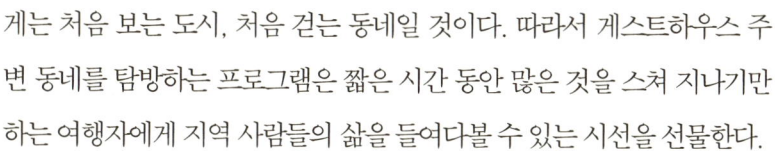

여행은 자신이 있던 자리에서 새로운 곳을 알기 위해 떠나오는 과정이다. 게스트하우스가 어디에 있든 대부분의 여행자에게는 처음 보는 도시, 처음 걷는 동네일 것이다. 따라서 게스트하우스 주변 동네를 탐방하는 프로그램은 짧은 시간 동안 많은 것을 스쳐 지나기만 하는 여행자에게 지역 사람들의 삶을 들여다볼 수 있는 시선을 선물한다.

동네 탐방은 지도로부터 시작된다. 주인장이 잘 아는 가게, 유서 깊은 동네 랜드마크, 산책하기 좋은 공원이나 학교 등 동네 구석구석을 담은 하나

뿐인 동네 지도를 만들어보자. 이 지도 한 장이면 게스트들과 학교 괴담부터 사소한 이야기까지 정겹게 나누면서 1~2시간 동안 즐겁게 동네 탐방을 떠날 수 있다. 산책 중간, 유명한 동네 카페에서 맛있는 커피를 마셔도 좋고 시원한 막걸리를 한잔 나누어도 좋겠다.

다 함께 술 한잔

노는 것도 함께하면 더 재밌다. 클럽이나 술집이 밀집된 지역의 게스트하우스라면 주말 밤, 원하는 사람들을 모아 술 한잔 걸치러 나갈 수도

있다. 아무래도 비교적 자유로운 분위기에서 내국인과 외국인 게스트가 어울려 놀 수 있고, 또한 여럿이 함께라면 혼자서는 쉽게 가기 힘든 클럽 체험도 가능하다. 실제로 홍대나 이태원에 위치한 게스트하우스에서는 젊은 여행자들이 함께 클럽에 가서 즐기는 프로그램을 운영하기도 한다.

단 주인장이 너무 늦게까지 함께 어울리거나 지나치게 술에 취할 경우에는 다음 날 일정에 차질이 생길 수 있으므로 주의하자. 가령 '밤 11시까지만 간단히 함께 즐긴다'라는 스스로의 데드라인을 정해놓고 나머지 시간은 게스트들에게 자율적으로 맡기는 식으로 조절하는 것이 좋다.

아름다운 한복 체험하기

한복은 깊은 역사와 전통을 가진 우리의 옷이다. 외국인 여행자에게는 한

국의 전통 의상을 입어보는 것만으로도 즐거운 경험이 된다. 한류 드라마의 영향으로 사극을 접한 외국인 여행자라면 한복 체험 프로그램이 더 특별하게 다가올 것이다. 내국인 여행자에게도 한복 체험 프로그램은 특별한 경험이다. 전주처럼 한옥 숙박이 가능한 곳에서는 평소 입을 일이 없던 한복 체험에 도전하는 내국인 여행자도 많다.

굳이 한옥 게스트하우스가 아니더라도 간단하게 한복 체험 프로그램을 운영할 수 있다. 한복과 폴라로이드 사진기를 비치하면 게스트가 한복도 입어보고 사진도 남길 수 있어 일석이조다. 1~2시간 정도 게스트와 함께 한복을 입고 가까운 곳을 산책하거나 전통 다과 체험을 곁들인다면 훌륭한 프로그램이 될 수 있다.

U

**잘 만든 안내문 하나,
열 스태프 안 부럽다**

오픈 전 체크! 분쟁을 막는 안내문 만들기

게스트하우스 이용 안내문을 만들어 홈페이지에 공지하거나 체크인 시 이용 규정에 대해 자세히 설명해주자. 직접 방문해보지 않고 예약을 결정해야 하는 게스트하우스의 특성상 꼭 필요한 일이다. 사전 공지 없이 운영 방식이 바뀐다거나 그때그때 상황에 따라 다르게 대응하다 보면 주인장 자신도 모르게 서비스의 편차가 생길 수도 있다. 환불, 숙박 기간 연장, 주차 등의 경우도 이용 기준을 세우지 않으면 분쟁이 생길 여지가 있다. 게스트하우스란 여행자가 낯선 공간에서 잠을 자고 머무르는 곳인 만큼 화재나 사고에 대한 상황별 대처법과 안내가 필수다.

◀ 공지된 시간보다 체크아웃이 늦어지거나 추가로 숙박 기간을 연장하고자 하는 게스트를 위하여 비용이나 관련 내용을 사전에 공지하자.

알면 당황하지 않는 응급 상황 대처법

게스트하우스는 아무래도 많은 사람이 묵어가는 곳인 만큼 예상치 못한 응급 상황이 발생할 가능성이 높다. 응급 상황이 일어난 즉시 주인장이나 스태프에게 이야기하거나 119 안전신고센터에 연락하도록 안내하자.

더 큰 피해를 막는 화재 대처법

게스트하우스를 방문한 여행자가 타지에 와서 엉뚱한 해를 입지 않도록, 게스트하우스 시공부터 운영까지 늘 안전사고를 염두에 두어야 한다. 또한 만약의 사태에 대비하여 상황별 사고 대처법을 미리 안내하도록 하자.

혹시 모를 화재에 대비해 비상계단의 위치를 게스트에게 미리 공지하고 비상 통로를 확보하는 것도 중요하다. 게스트하우스의 공용 공간에 소화기를 비치하는 것도 좋은 방법인데, 이는 꼭 소방법처럼 제도적인 이유 때문만이 아니라 필수적인 사항이라는 것을 잊지 말자.

손해를 예방하는 환불 정책

게스트하우스의 경우 아직까지 국가에서 제정한 별도의 환불 규정은 존재하지 않는다. 그러나 게스트하우스를 운영하다 보면 예약금을 보냈다고 하더라도 환불을 요청하는 경우가 빈번하다.

예약 취소에 따른 환불 금액은 체크인 예정일을 기준으로 세운다. 이때 체크인 예정일을 앞두고 예약을 취소하여 손해를 보는 일이 없도록 게스트하우스만의 환불 기준을 정해두는 것이 좋다. 가령 예약을 취소하더라도 다른 예약을 받을 가능성이 있는 날은 전액 환불, 확률이 반반인 날은

50% 환불, 체크인 이틀 전은 환불 불가와 같이 스스로 기준을 세워보자. 비성수기에는 7일 기준, 성수기에는 14일 기준으로 전액 환불이 가능하다는 식의 운영 원칙도 필요하다. 또한 숙박 당일 체크인 시간까지 연락이 안 될 경우 예약은 자동 취소될 수 있다는 조항도 덧붙이도록 한다.

예시로 보는 환불 정책
- 체크인 예정일로부터 7일 이전이면 전액 환불 (성수기의 경우 14일 기준 가능)
- 5~6일 전까지는 50% 환불
- 3~4일 전까지는 30% 환불
- 그 외에는 환불 불가

체크아웃 지연 & 숙박 기간 연장

공지된 시간보다 체크아웃이 늦어지거나 추가로 숙박 기간을 연장하고자 하는 게스트를 위하여 비용이나 관련 내용을 사전에 공지하자.

예시로 보는 체크아웃 지연 및 숙박 기간 연장 규정
- 체크아웃이 늦어지는 경우 1시간당 1만 원 추가 지불
- 체크아웃 지연 가능 시간은 최대 3시간
- 같은 객실에서 투숙 연장을 원할 경우 사전에 예약 확인 필요
- 이미 객실이 예약된 경우에는 숙박 기간 연장 불가능

미리 예방하는 분실과 파손

비품 분실 및 파손에 대한 규정이 사전에 공지되지 않으면 게스트가 비품을 잃어버리거나 망가뜨렸다고 하더라도 비용을 청구하기가 어렵다. 깨지기 쉬운 물건에 대해서는 사전에 미리 사용법에 대해 자세히 설명한다. 또한 사물함 열쇠나 현관 열쇠의 경우에는 분실할 위험이 크기 때문에 반드시 배상 조항에 대해 미리 안내하도록 하자.

문의 전화를 줄이는 주차 시설 안내

게스트하우스 건물에 주차할 수 있는 공간이 있는지의 여부와 주변 주차 시설 및 가격에 대한 내용까지 덧붙이면 보다 친절한 게스트하우스 안내문을 만들 수 있다. 특히 승합차나 전세버스로 이동하는 단체 여행객이 게스트하우스의 주요 고객이라면 사전에 반드시 주차 시설에 대해 안내해야 한다.

게스트하우스 주인장의 하루 일과표

Case 1. 청소 스태프만 두고 혼자 살림을 도맡는 주인장

오전 7~8시	• 아침 식사 차리기
오전 9시 30분~정오	• 아침 식사 테이블 정리하기 • 게스트와 어울리기
정오~오후 3시	• 체크아웃 시작 • 객실이 비면 스태프가 청소 시작 • 다음 날 아침 식사 재료와 생필품 장보기
오후 3~8시	• 청소 완료 후 스태프 퇴근 • 체크인 시작 • 예약자 있을 경우 객실 안내를 위해 체크인 예정 시간에 맞춰 리셉션에서 대기하기
오후 8~10시	• 매주 수요일, 금요일마다 동네 산책 프로그램 운영하기

Case 2. 상근직 매니저 한 명과 함께 일하는 주인장

정오	• 체크아웃 시작 • 매니저와 함께 청소하기
오후 3시~마감 시간	• 청소 완료 후 매니저와 번갈아가며 체크인 안내 　◆ 주인장이 청소 이외에는 도와줄 일이 없다. 다만 매니저가 쉬는 날은 주인장이 매니저 노릇을 해야 한다.

알아두면 좋은 게스트하우스의 시즌별 주요 이슈

게스트하우스 주인장이라면 연간 일정도 미리 세워두어야 한다. 게스트하우스 운영은 여행 시즌에 영향을 많이 받기 때문에 시즌별 주요 이슈는 반드시 챙겨두자.

	성수기 여부	특징
1월	성수기	신년 연휴, 겨울방학
2월	비성수기	한국과 중국의 설날 연휴, 겨울방학
3~4월	비성수기	봄 여행 시즌
5월	성수기	일본 골든 위크(4월 말~5월 초), 봄 여행 피크 시즌
6월	비성수기	간절기 여행 시즌
7~8월	극성수기	본격적인 휴가 시작, 여름방학
9~10월	성수기	가을 여행 시즌
11월	비성수기	간절기 여행 시즌
12월	극성수기	연말연시, 겨울방학

Chapter 2
**D-day!
그래도 운영 시뮬레이션은
계속된다**

V

청소도 과학이다!
청결 유지 시스템을 구축하라

내 집처럼 깨끗하게! 당당하게 부탁하자!

잠 게스트하우스를 처음 열었을 때는 이것저것 지켜달라고 공지하는 것이 편히 쉬러 온 사람에게 너무 많은 것을 요구하는 것 같아서 한동안은 아무런 요청도 하지 않았다. 쓰레기통이 있으면 알아서 쓰레기를 버릴 것이고 분리수거함이 보이면 분리수거를 하겠거니 하면서 말이다. 하지만 게스트하우스를 운영하면서 사람마다 가진 기준과 방식이 참 다르다는 것을 알게 되었다. 특히 외국인 게스트들은 한국의 분리수거 방법이 영 이해가 되지 않는지 엉뚱한 곳에 쓰레기를 넣기 일쑤였다. 음식물 쓰레기와 재활용 쓰레기가 뒤범벅된 휴지통을 몇 번 마주하고 나자, 깨끗하게 게스트하우스를 이용해달라고 당부하는 게 서로의 편의를 위한 일이라는 것을 깨닫게 되었다. 그 후부터는 체크인 때부터 게스트에게 쓰레기 처리법과 전등 소등 규칙,

설거지 및 청소에 관한 주의사항을 꼭 다시 한 번씩 환기시키는 프로페셔널한 주인장이 될 수 있었다.

게스트하우스를 깨끗하게 사용해달라고 공지하는 것은 까다로운 태도가 아니라 당연하고 정당한 일이다. 또한 여러 사람이 함께 이용하는 공간인만큼 서로 피해를 주지 않는 방법을 알려주는 것이 주인장의 역할이기도 하다. 한국을 찾는 외국인들에게는 이런 작은 문화까지도 여행의 즐거움이 되는지 게스트하우스 이용 안내를 받는 것을 재미있어 한다.

공동생활에서 지켜야 할 사항을 사전에 안내하지 않으면 게스트하우스가 쓰레기장처럼 지저분해진다. 믿기 어렵겠지만 때로는 이불에 발자국이 남기도 한다. 외국인 게스트에게는 실내에서 실내화를 사용해야 한다는 안내가 필수다. 이때 한국은 신발을 벗고 바닥에 앉는 좌식 문화를 가지고 있다는 설명을 덧붙이는 것이 좋다. 분리수거의 경우에도 한국에서는 환경법상 쓰레기의 분리수거와 재활용이 의무이며, 따라서 쓰레기통의 마크를 참고해 재활용 쓰레기를 정확하게 분리해야 한다고 설명하자.

덧붙여 술을 마시는 것은 좋지만 많은 사람이 함께 지내는 공간인 만큼 타인에게 피해를 주지 않도록 조심해달라는 주의사항도, 욕실을 사용한 후 다음 사람을 위해 다시 한 번 정리하자는 내용도 제대로 공지한다.

수건과 침구, 세탁부터 건조까지

수건과 침구는 게스트하우스의 청결 상태를 나타내는 중요한 척도 중 하나다. 외국 게스트하우스의 경우 수건을 제공하지 않는 곳이 대부분이지만 국내 게스트하우스는 체크인 시 무료로 수건을 제공하는 경우가 많다.

손님이 얼굴에 대고 몸을 덮는 것인 만큼 잘 세탁된 수건과 침구는 게스트하우스의 인상을 결정짓는 중요한 요소다. 실제로 수건과 침구의 품질과 세탁 상태에 따라 저렴한 도미토리 게스트하우스라도 중급 호텔 서비스를 제공하는 숙박업소처럼 인식되기도 한다.

잠 게스트하우스의 경우 주인장 혼자서도 운영 가능한 60㎡(18평) 규모의 작은 공간이었기 때문에 수건과 침구의 세탁부터 건조까지 직접 도맡았다. 큰 창이 매력적인 베란다 한편에 세탁기를 놓고 날씨 좋은 날에는 베란다에서 빨래를 해결했다. 베란다가 넓고 햇빛이 잘 들어 체크아웃 시간 이후 세탁기를 돌려 빨래를 널어도 저녁이 되기 전에 마르곤 했다. 덕분에 건조기를 따로 마련하지 않은 대신 침구를 넉넉하게 준비하는 방법을 택했다. 그러나 여름 장마철에는 빨래가 잘 마르지 않아 결국 근처 빨래방 건조기를 이용하게 되었다.

건조기를 사용하면 침구나 수건의 수명은 줄어들지만, 빨래가 뽀송뽀송하게 빨리 마르고 계획적인 세탁물 관리가 가능하다는 장점이 있다. 다만 빨래방에서 세탁물을 건조하고 돌아오는 데 시간과 노동력이 많이 들기 때문에 세탁소와 일정 기간 계약을 맺고 세탁물을 맡기는 것을 추천한다. 매번 건조기를 사용하는 비용이 부담스럽다면 게스트가 유료로 이용할 수 있는 세탁실을 만들고 공용 건조기를 구입하는 것도 좋은 방법이다.

나홀로형 주인장에게 필요한 청소 시스템

게스트하우스 운영의 8할은 손님을 맞이하는 일이고, 손님맞이 중에서 가장 큰 노동력이 필요한 일은 바로 청소다. 건물 청소부터 침구 세탁과 잠자리 세팅까지, 보통 일상생활에서 일주일에 한두 번 할까 말까 한 일을 게스트하우스에서는 매일같이 해내야 한다. 특히 객실이 3~4개 안팎의 작은 게스트하우스라면 청소를 남에게 전부 맡기기 어려운 매출 구조여서 주인장이 청소를 하면서 스태프의 도움을 받는 경우가 대부분이다.

잠 게스트하우스도 처음 몇 개월을 제외하고는 내가 거의 청소를 도맡아서 했다. 처음에는 한없이 바쁘고 힘든 일이었는데, 어느 정도 시간이 흐른 후에는 30분 늦게 시작해도 평소 청소를 마치던 시간 내에 모든 것을 끝낼 수 있었다. 손님들에게 게스트하우스 이용 방법을 더 자세하게 공지한 이후 전보다 공간이 깨끗해졌고 게스트하우스 일이 손에 익숙해진 덕도 있었다.

혼자서 예약부터 청소까지 도맡아 해야 하는 나홀로형 주인장에게는 빠른 일처리가 중요하다. 매일매일 감당해야 하는 청소의 경우 비용의 문제로 다른 사람의 도움을 받을 수 없다면 기계와 기구의 도움을 받는다. 성능 좋은 청소기와 쉽게 먼지 제거를 할 수 있는 부직포 밀대 혹은 알아서 먼지를 찾아다니는 로봇청소기가 바닥 청소를 돕는다. 매일 청소해야 하는 공용 욕실과 화장실은 곰팡이가 생기지 않도록 늘 환기에 신경을 쓰고 관리한다. 천연 세제를 사용해 욕실 타일의 때를 제거하고 뜨거운 물로 헹군 뒤 물기를 제거하면 금방 깨끗해진다. 특히 욕실 타일은 걸레와 같은 천으로 물기를 제거하면 오히려 바닥이 미끄러워질 수 있다. 유리창 닦기 도구를 마련해 구석구석 물기를 제거하면 미끄럽지 않을 뿐더러 곰팡이 걱정도 없다.

침구는 빨래 상태만큼 보관하는 위치나 보관함의 청결도 중요하다. 많은 침구를 한꺼번에 옮기는 것은 힘들기 때문에 침대 곁에 수납장을 마련하여 침구를 보관한다면 동선도 줄고 청소도 한결 쉬워진다. 규모가 있는 게스트하우스라면 세탁물을 따로 보관하는 공간을 만들고 바퀴 달린 수레를 준비해 세탁물을 운반해보자.

청소만큼 쓰레기 처리도 중요하다. 위생을 위해 쓰레기통을 자주 비우도록 하자. 지나치게 큰 쓰레기통보다는 2~3일에 한 번씩 비울 수 있는 크기가 좋다. 쓰레기통에는 꼭 비닐을 씌우고 재활용 분리수거에 대해 자세히 안내해서 힘들이지 않고 쓰레기를 처리할 수 있도록 하자.

게스트하우스 청소의 달인이 되는 노하우

청소를 수월하게 만드는 도구

게스트하우스와 떼려야 뗄 수 없는 청소! 기본적인 청소 도구를 갖춰 공간별로 힘들이지 않고 청소를 즐겨보자.

바닥 청소	청소기, 로봇청소기, 부직포 밀대
욕실 청소	유리창 닦기 도구, 곰팡이 방지 천연 세제
설거지	식기세척기

효율적인 청소 시스템 세팅하기

자신이 일하는 스타일을 고려하여 청소 시스템을 효율적으로 만들어놓으면 좀 더 빨리 청소를 마칠 수 있다. 동선을 줄이고 한자리에서 여러 가지 일을 할 수 있도록 효과적인 청소 시스템을 짜보자.

잠 게스트하우스 사례로 보는 일일 청소 시스템

청소 시간	주인장 혼자 청소할 때 평균 1시간 30분 스태프와 함께 총 2명이 청소할 때 50분
청소 순서	① 게스트 체크아웃 확인하기 ② 침구를 모두 모아 세탁하기 ③ 쓰레기통을 비우고 분리수거 상태 확인, 현관 앞에 쓰레기 내놓기 ④ 청소기로 전체 바닥 청소하기 ⑤ 화장실 물청소하기 ⑥ 주방 상태 확인 및 청소하기 ⑦ 전날 널어둔 빨래 걷기 ⑧ 세탁 완료된 빨래 널기

청소 순서	⑨ 침구 세팅하기 ⑩ 부직포 밀대로 바닥 먼지 다시 한 번 제거하기 ⑪ 모아둔 쓰레기 버리기 ⑫ 청소 끝!

청소 업체 활용하기

청소 도구도 청소 시스템도 모두 사람 손만은 못한 법! 예약과 운영 업무를 주인장이 직접 담당한다면 청소만큼은 용역을 활용해보자. 매일 3시간의 도움만으로도 고단한 주인장의 피로를 확 덜어줄 것이다.

**Staff Wanted!
누군가와 함께 일하기**

거기 누구 없소? 함께 일할 사람 제때 구하기

게스트하우스는 아무래도 여행과 여러모로 밀접한 관계가 있다. 모든 것이 이루어질 것만 같은 동심의 세계 디즈니랜드처럼 게스트하우스 역시 여행에 대한 동경과 여행하며 사는 삶에 대한 로망을 충족시켜주는 공간이다.

이는 비단 게스트하우스를 찾는 여행자에게만 해당되는 이야기는 아니다. 주인장과 함께 일하는 스태프에게도 게스트하우스는 여행의 설렘을 느끼고 다양한 사람과의 만남을 기대하게 하는 장소다. 높은 스펙을 쌓고 대기업에 취직해서 안정적으로 살아가려는 젊은이들이 늘어나고 있는 한편으로, 자신만의 인생을 즐기려는 이들은 재미있는 일거리를 찾아 게스트하우스로 온다. 게스트하우스에서 일하다가 또 다시 여행을 떠나가는 이러한 젊은이들은 함께 일하기 딱 좋은 열정 스태프감이다. 그러나 이렇게 이상적인 사람들이 대체 어디에 있는 건지, 겉모습만 보고 무작정 물어볼 수도 없는 노릇이니 열정을 가진 좋은 스태프를 구하는 데는 많은 노력과 시간이 든다.

그렇다면 게스트하우스 스태프는 어떻게 구해야 할까? 첫 번째 방법은 게스트하우스를 만들겠다고 결심한 직후 주변 사람들 중에서 함께 일할 이를 수소문하는 것이다. 인테리어 공사가 진행되는 동안, 게스트하우스 운영에 필요한 손님맞이, 예약 관리, 청소 등의 업무를 할 사람을 미리 구해 둔다. 행여 그가 오랜 시간을 함께해줄 수 없다 하더라도 게스트하우스를 오픈한 후 단 몇 개월이라도 도움을 받아야 한다. 가장 일이 많고 어려운 시기인 오픈 초기에 일손이 되어준다면 그보다 고마운 일이 어디 있으랴.

두 번째 방법은 기다림의 노하우다. 친구나 가족처럼 도움을 받을 누군가가 있다면 좋겠지만 게스트하우스의 규모가 작다면 일단 혼자서라도 열심히 운영하자. 그러다 보면 게스트하우스를 여러 번 찾아오는 여행자나 장기로 묵는 사람이 생긴다. 그들에게 객실을 제공받는 대신 게스트하우스 청소나 운영을 도와줄 의향이 있는지 물어보자. 혹은 성수기가 시작되기 직전, 게스트하우스 홈페이지에 스태프를 구한다는 공지 글을 올려 무료 숙식과 여행이라는 두 마리 토끼를 잡고자 하는 여행자를 수소문하자. 일단 한 번 이와 같은 방식으로 일손을 찾게 되면, 스태프가 다른 스태프를 불러오는 재미있는 순환 구조를 만들 수도 있다.

만약 규모가 큰 게스트하우스라서 오픈부터 일손이 필요한 경우라면 다음의 방법을 추천한다. 우선 게스트하우스 공간이 완성되기 전까지 각종 구직 사이트에 구인 광고를 내자. 그리고 SNS나 주변 지인을 통해 가능하면 많은 사람에게 일손이 필요하다는 사실을 알리자. 특히 주인장이 게스트하우스를 직접 운영하기 힘든 상황이라면 오픈 준비부터 일을 함께해나 갈 스태프를 빨리 구하는 것이 무엇보다 중요하다.

유창하게 영어를 하거나 2개 국어가 가능하다고 해서 꼭 좋은 스태프라고 할 수는 없다. 게스트하우스는 숙박업소인 만큼 사람들의 출입이 많기 때문에 스태프라면 기본적으로 사람에게 애정이 있어야 한다. 상대방의 말을 귀 기울여 듣고 불편을 해소하려고 노력하는 서비스 마인드를 갖추는 것은 기본이다. 여기에 부족한 부분은 계속 배워가며 일하고자 하는 사람이 게스트하우스에 맞는 가장 훌륭한 일꾼이다.

> **좋은 스태프가 갖추어야 할 자질**
> - 서비스 마인드
> - 청결 유지에 대한 이해와 꼼꼼함
> - 기본적으로 의사소통이 가능할 정도의 영어 실력과 응용력
> - 낯선 환경에 놓인 사람을 도와주고자 하는 의지
> - 외국어나 새로운 문화권에 대한 호기심, 새로운 언어를 배우고 습득하려는 의지

사업 규모와 일거리를 고려한 인건비 산정해보기

좋은 스태프를 구해 함께 일할 수 있다면 큰 행운이지만 인건비가 전체 지출에서 너무 큰 부분을 차지하게 되면, 결국 운영상의 부담이 되기 마련이다. 특히 월세까지 지출해야 하는 게스트하우스라면 인건비가 더 부담일 수밖에 없다. 따라서 사업 구상 단계부터 게스트하우스 운영 규모와 감당할 수 있는 인건비 비율을 잘 따져보아야 한다.

주인장이 게스트하우스 운영을 도맡는다면 청소 스태프 정도로도 원활한 운영이 가능하다. 하지만 상근직이나 정규직으로 근무하는 스태프가 주인장 대신 예약 진행, 체크인·체크아웃을 담당하면서 동시에 청소도 해야 한다면 보상으로 방 한 칸을 내주는 것만으로는 부족하다. 단기로 지내며 작은 일만 도와주는 스태프라면 노동과 숙박을 맞바꿀 수도 있다. 그러나 매일매일 게스트하우스 전체 운영을 담당하는 스태프에게는 반드시 노동에 합당한 인건비를 지급해야 한다. 사람을 고용할 때는 인건비를 지급하고도 주인장에게 수익이 돌아갈 수 있을 정도의 사업 규모여야 한다는 건 지극히 당연한 일이다. 그럼에도 너무나 쉽게 잊어버리는 사실이기도 하다.

게스트하우스 월 매출 규모에 따른 예상 인건비

매출액	예상 고용 인력	예상 인건비
700만 원 이하	청소 스태프 1명(하루 3시간)	약 50만 원(매출의 10% 이내)
900만 원 이하	풀타임 스태프 1명(숙식 제공) 청소 스태프 1명(하루 3시간)	약 150만 원(매출의 15% 이내)
2000만 원 이상	상근직 스태프 2명(주 4일씩 교대) 청소 스태프 1명(하루 3시간)	약 440만 원(매출의 22% 이내)

◆ 주인장이 직접 운영하는 경우를 전제로 함.

주인장과 같은 마음으로 일하는 스태프가 최고다

있는 힘을 다해 제대로 일하는데 알아주지 않는 것만큼 억울한 일도 없다. 달리 표현하면 주인장이 스태프의 노력을 알아준다면 그것만으로도 스태프는 더 즐거운 마음으로 일할 수 있다는 말이다.

　일단 함께 일하는 사람이 생겼다면 고단한 일도 즐거운 마음으로 함께 해주는 스태프에게 늘 감사한 마음을 가지자. 스태프의 시급이 얼마든 어떤 혜택을 받든 간에, 남들이 지내다 떠난 자리를 치우고 매일매일 이불 빨래를 하고 이것저것 신경 쓸 것이 많은 게스트하우스 살림을 도맡아 하는 것은 쉽지 않은 일이다. 항상 여행자를 따뜻하게 맞이하고 함께 어울리거나 게스트하우스 주변을 안내하는 일 또한 그렇다. 고단한 일들을 주인장과 같은 마음으로 해내는 모든 스태프에게 고마운 마음을 잊지 말고 말과 행동으로 자주 표현하자. 그 식구들이 없으면 게스트하우스는 주인장의 계획처럼 돌아가지 않는다는 사실을 잊지 말자.

작은 게스트하우스만의 독특한 운영 방식
집을 통째로 게스트에게 맡기자!

게스트하우스 주인장은 다양한 여행자를 만난다는 점에서 참 자유롭고 즐거운 직업이다. 하지만 막상 주인장으로서 운영을 도맡아 하다 보면 매일 들고나는 게스트들을 치르느라 시간을 내어 여행을 떠난다거나 휴식을 취하기가 쉽지 않다.

특히 여행을 좋아하는 나로서는 게스트하우스를 운영하기 시작하면서부터 오랫동안 어딘가로 떠날 수 없다는 점이 가장 힘든 문제였다. 단지 며칠 여행을 떠나자고 누구를 고용하기에는 게스트하우스 규모가 그다지 크지도 않았고 말이다. 결국 내가 택한 방법은 장기 투숙객에게 게스트하우스를 통째로 맡기고 여행을 떠나는 것이었다.

사실 그 시작은 우연에 가까웠다. 잠 게스트하우스를 막 열고 난 직후, 인턴십을 위해 한국에 머물던 독일인 게스트 요하네스에게 집을 맡기고 짧은 여행을 떠났다. 그런데 다음 날 이 친구가 '청소기는 어딨어?' 하며 이메일을 보내왔다. 미안한 마음에 내가 얼른 가서 청소해주겠다고 답변을 하자 자기 방 정도는 자기가 치워도 괜찮다며 극구 사양을 하는 것이었다. 덕분에 나는 게스트하우스 오픈 준비로 쌓였던 스트레스를 동해에서 일주일간 툭툭 털어버리고 다시 활기찬 주인장으로 돌아올 수 있었다. 그 후로도 나는 가끔 3박 4일 정도 여행을 떠날 때면 게스트에게 집을 통째로 맡기곤 한다. 작은 게스트하우스의 주인장이기에 운영할 수 있는 무인 아닌 무인 게스트하우스라니!

X

**잘할 수 없는 것을 내세우는
게스트하우스는 금물!**

주인장의 성향에 맞는 게스트가 모일 때까지 기다리자

잠 게스트하우스를 오픈한 이후에도 기회가 닿을 때마다 여기저기 다른 게스트하우스 탐방을 다니다 보니 '와, 어쩜 이곳에는 이 게스트하우스의 분위기에 딱 어울리는 사람들만 몰려올까!' 하는 경우가 종종 있었다. 게스트하우스 공간과 주인장, 여행자가 마치 한 덩어리인 듯 잘 어우러지고 모두가 편안해 보이는 것이었다.

  잠 게스트하우스의 경우 또한 어느 정도 자리를 잡고 난 후에는 이와 크게 다르지 않았다. 국내외를 막론하고 어쩌면 이렇게 나와 이야기가 잘 통하고 마음이 맞는 사람들이 잠 게스트하우스를 찾아주는 것인지 놀라울 정도였다. 그런 만큼 주인장과 게스트로 만나 친구가 되는 인연이 꽤 많았다. 곰곰이 생각해보면, 잠 게스트하우스란 공간이 곧 나의 취향을 반영하는 곳이었고, 그런 잠 게스트하우스가 마음에 들어 찾아온 사람들 또한 나의 취향과 맞닿아 있어서인 것 같다.

　물론 처음부터 그랬던 것은 아니다. 처음에는 '대체 이 사람들이 무슨 마음으로 여기에 찾아온 것일까' 싶을 정도로 이해하기 힘든 게스트도 많았다. 외부 사람까지 불러와 술 파티를 여는 바람에 게스트하우스가 엉망이 되기도 했고, 모텔 대신 찾아와 차마 처리하기 힘든 물건들을 놓아두고 간 커플도 있었다. 한번은 한밤중에 옥상에서 엄청나게 떠들어서 경찰차가 다섯 번이나 출동하게 만든 게스트들도 있었는데, 그 소동은 나중에 건물 입주자들에게 일일이 사과를 해야 할 정도로 큰 문제였다. 문화권이 다른 외국인 게스트는 언어의 문제를 떠나 이들이 원하는 것이 무엇인지 이해하기 어려웠던 적도 많았다. 어떤 게스트에겐 괜찮았던 것이 다른 게스트에겐 불편한 것이 되어 고민했던 적도 한두 번이 아니었다.

　시간이 흘러 잠 게스트하우스의 특징이 어느 정도 알려지게 되자 게스트하우스 분위기와 비슷한 성향의 여행자들이 조금씩 늘어났다. 작고 아기자기한 공간인만큼 시끌벅적하게 음주가무를 즐기기보다는 자기만의 시간을 가지며 집을 떠나온 기분을 만끽하고 싶은 사람이 잠 게스트하우스를 찾아왔다. 또 이곳저곳 바쁘게 여행하는 사람보다는 볕이 잘 드는 테라스에서 책을 읽으며 늘어져 있거나, 차 한 잔을 곁에 두고 바깥 풍경을 디저트 삼아 몇 시간씩 티타임을 가지는 게스트도 점점 늘었다. 나와 비슷한 성향을 가진 자유로운 여행자가 늘어나고 외국 아티스트를 게스트로 많이 만나게 된 것도 참 좋았다. 특히 이런 친구들은 바쁘게 관광지를 쫓아다니지 않고 느긋하게 산책하는 것을 즐겨서, 내가 좋아하는 작은 가게들과 산책로를 소개하는 보람이 있었다.

　게스트하우스 오픈 초기부터 내 마음에 꼭 맞는 사람만 맞이할 수는 없는 법이다. 마음에 들지 않거나 이해하기 어려운 게스트도 있기 마련이다. 하지만 게스트하우스의 색깔을 꾸준히 유지하다 보면 점점 입소문을 타기 시작하고 그러다 보면 게스트하우스의 분위기, 시설, 주인장이 마음에 들어 찾아오는 사람이 꼭 생긴다. 그때까지 자신만의 게스트하우스 색깔을 단단히 다져나가는 것, 각양각색의 게스트를 만나며 서비스 유연성을 기르는 것이 참 중요하다.

　서비스라는 것은 상대적이다. 누군가에게는 좋은 서비스가 다른 누군가에게는 별 감흥 없는 서비스가 될 수도 있다. 따라서 서비스의 기준을 손님에 두지 않고 게스트하우스의 특징에 맞춰 스스로의 기준을 세우는 것이 좋다. 또한 게스트하우스 오픈 초기부터 너무 많은 서비스를 확정하여 내세우지 말자. 그보다는 3~6개월간은 다양한 게스트를 접하며 자신만의 서비스를 차차 만들어가는 것이 더 적합하다. 게스트하우스마다 찾아오는 손님의 유형이 다르므로 자신의 게스트하우스를 찾는 이들의 성향을 꼼꼼히 들여다보자. 오픈 초기 계획한 서비스를 다듬어나가다 보면 어느새 자신만의 서비스를 제공하고 있는 자신을 만나게 될 것이다.

작은 서비스와 배려가 감동을 낳는다

홍대 번화가에 위치했던 잠 게스트하우스의 경우 따로 픽업 서비스를 운영하지는 않았다. 그러나 비공식적인 픽업 서비스는 늘 이루어졌다. 한번은 일본 게스트들을 마중나간 적이 있었다. 게스트하우스 위치를 묻는 전화 목소리에서 '대체 여긴 어디지?'라는 당황함이 묻어나서 전화를 받자마자 게스트들이 있는 곳으로 자전거를 타고 쏜살같이 달려갔다. 다행히 4명의 일본인들이 게스트하우스 정반대 방향으로 뺑뺑 돌고 있는 것을 발견할 수 있었다. 알아서 찾아오라고 했으면 그들 모두 여행 첫날 제대로 고생할 뻔했으니 바로 작은 서비스가 게스트하우스의 인상을 결정하는 순간이기도 했다.

서비스를 '의식적'으로 하는 것만큼 힘든 일도 없다. 좋은 서비스에 대한 강박관념 때문에 무리한 서비스를 제공하다 보면 스트레스가 쌓여 오히려 좋지 않은 결과를 낳을지도 모른다. 원론적인 이야기지만 다시 강조하지 않을 수 없다. 서비스는 마음에서 우러나와야 한다는 것, 이것은 게스트하우스란 서비스업에 몸담고 있는 이라면 늘 가슴에 새겨야 하는 말이다.

게스트하우스 주인장이라고 늘 무언가를 주어야만 하는 것은 아니다. 여행을 떠나온 게스트의 입장을 이해하고 내가 할 수 있는 만큼을 최대한 주려고 노력하는 것도 서비스다. 여유로운 마음을 갖고 게스트를 대하다 보면 때로는 별것 아닌 작은 일이 게스트에게는 큰 도움이 되기도 한다. 이러한 서비스는 매뉴얼로는 결코 정의할 수 없는 주인장만의 자산이 된다.

실전 운영 노하우 Q&A
"이럴 땐 어떻게 했어요?"

Q. 비영어권 국가의 사람들과 소통이 어렵지 않을까요?

A. 우리나라가 비영어권 국가이듯 그들도 마찬가지입니다. 모국어로 영어를 사용하지 않는다 해도 대부분 어설픈 영어로라도 자신의 필요를 이야기할 수 있습니다. 요즘은 모바일 사전이나 번역기 사이트와 같은 다양한 번역 서비스의 도움을 받을 수도 있어요. 더불어 게스트하우스의 공지사항과 이용 규칙 등의 안내문을 미리 다양한 언어로 준비해놓으면 여러모로 편리할 거예요. 만약 오해의 소지가 있는 조항이 있다면 꼭 정확한 언어를 사용하여 안내문을 만들어두는 것이 좋습니다.

Q. 영어를 꼭 잘해야 하나요?

A. 외국인 게스트를 지속적으로 만나야 하는 일인 만큼 영어를 잘하면 물론 편리하겠지요. 하지만 꼭 원어민처럼 영어를 잘할 필요는 없습니다. 의사소통을 하겠다는 의지가 있다면 영어든 한국어든 내용은 전달되기 마련입니다. 게스트하우스를 운영하면서 시간을 내어 영어 회화 수업을 듣거나 영어를 잘하는 장기 숙박객에게 과외를 받는 등 다양한 방법으로 노력해봅시다. 영어를 잘하는 사람이 게스트하우스를 열어야 한다는 법은 없습니다.

Q. 성수기와 비수기, 주중과 주말 숙박료에 차등을 두어야 할까요?

A. 부산이나 제주도, 동해와 같이 성수기에 많은 사람이 몰리는 관광지의 게스

트하우스는 성수기와 비수기, 주중과 주말 숙박료에 큰 차이가 있는 편입니다. 자신의 게스트하우스가 관광지의 중심가에 위치해 있다면 시즌별 숙박료에 차등을 두는 것이 가능하겠지요. 시즌에 상관없이 숙박료가 일정한 게스트하우스라면 이 점을 홍보에 활용하는 것도 좋습니다.

Q. 비수기가 시작되었는지 손님이 확 줄었어요.

A. 손님이 눈에 띄게 줄었을 경우에는 지역에 비슷한 분위기의 게스트하우스가 늘었거나 다른 게스트하우스의 홍보가 과감해졌다고 분석해볼 수 있습니다. 비수기는 성수기를 대비한 시기라고 생각하면서 지출을 줄이고 홍보 활동은 늘리는 것이 좋습니다. 만약 매년 비수기에 관광객이 거의 없는 지역이라면 할인가로 객실을 제공하거나 특별한 행사를 개최하여 단체 관광객을 유치하는 것도 한 방법입니다.

Q. 체크인 시간이 한참 지났는데도 게스트가 도착하지 않아요.

A. 비행기 도착 시간이 지연되었거나 대중교통을 잘못 이용하는 등 한국을 처음 찾은 게스트가 체크인 시간에 늦을 확률은 아주 높습니다. 숙박 예약을 받을 때 비행 스케줄과 예상되는 체크인 시간을 물어본다면 하루 종일 걱정하며 게스트를 기다리는 일이 줄어듭니다. 일정 시간까지 리셉션을 담당할 스태프가 있다면 몇 시까지는 체크인을 해야 한다고 사전에 공지하는 것이 좋습니다. 이런 이유로 예약 시 한국에서 연락할 수 있는 전화번호를 미리 받아놓는 것이 중요합니다.

Q. 체크아웃 시간을 한참 넘겼는데 게스트가 나갈 생각을 하지 않아요.

A. 체크아웃 규정이 필요한 때가 바로 이런 경우입니다. 게스트가 체크인할 때 체크아웃 시간이 지연되면 추가요금이 생긴다는 규정을 분명하게 공지하도록 합니다. 추가요금 규정이 없는 경우라 하더라도 체크아웃 시간이 지났을 경우 바로 이를 알리는 것이 좋습니다. 늦잠을 잤거나 짐을 싸느라 체크아웃 시간이 늦어지는 경우가 종종 있습니다. 이럴 때는 친절하게 시간 안내를 한다면 서로 기분 좋게 다음 만남을 기약할 수 있을 거예요.

Q. 실수로 더블 부킹을 받아버렸어요.

A. 이미 예약된 객실임에도 불구하고 또 예약을 받는 더블 부킹은 정말 큰 문제입니다. 숙소 예약 스케줄에 따라 비행기를 예약하는 게스트가 있기 때문입니다. 더블 부킹 시 그냥 '숙박이 불가능하다'고 통보해서는 큰일이 납니다. 서로 불쾌한 것은 차치하고 작은 실수로 게스트의 중요한 휴가를 망치게 될 수도 있으니까요.

더블 부킹을 받았을 경우에는 인근에 위치한 비슷한 형태의 게스트하우스 혹은 한 단계 고급의 숙소를 확보하고 이곳을 대신 예약해주겠다고 물어봅니다. 반드시 사과의 말과 함께 선택할 수 있는 옵션 한두 개를 가지고 묻는 것이 좋습니다. 만약 옵션이 마음에 들지 않는다면 100% 환불을 해줄 수 있다는 말도 덧붙여야 합니다. 더블 부킹 때는 빠른 처리와 안내가 중요하기 때문에 언제 발생할지 모를 상황에 대비해 주변의 게스트하우스나 호텔의 시세와 예약 방법을 숙지하고 있는 것이 좋습니다.

Q. 잘해주려고 게스트의 옷을 세탁하다가 망가뜨려 버렸어요.

A. 일단 사정을 설명하고 사과의 말과 함께 어떻게 해주기를 원하느냐고 게스트에게 물어보는 것이 가장 좋습니다. 게스트가 외국인이라면 똑같은 것을 구하기 어려운 경우가 많습니다. 옷값을 보상하겠다고 제안하거나 아니면 무료로 숙박을 제공하는 편이 좋겠는지 물어보세요.

Q. 게스트가 비품을 망가뜨렸어요.

A. 게스트하우스는 불특정 다수가 사용하는 공간인만큼 간혹 비품이 망가지는 경우가 있습니다. 분실 시 다시 제작해야 하는 열쇠의 경우, 잃어버렸을 때 얼마의 비용을 청구한다고 사전에 공지해야 합니다. 그 외의 장식용 소품이나 비품이 망가졌다면 상황에 따라 약간의 비용을 청구할 수 있습니다.

　게스트가 체크아웃한 뒤에 비품이 고장난 것을 발견하면 비용을 청구하기가 어렵기 때문에 깨지기 쉬운 소품이라든지 쉽게 잃어버릴 수 있는 비품이라면 사전에 주의해서 사용하도록 부탁하세요. 만약 게스트가 있는 상황에서 비품이 망가진 것을 발견했다면 즉시 규정에 따라 처리하는 것이 좋습니다.

Chapter 3
**게스트하우스를
완성하는 그대,
오 마이 '게스트'**

———————— Y ————————

작은 이벤트가 모여
'게스트' 하우스를 만든다

개업을 알리는 가장 좋은 홍보 수단, 오픈 파티

보통 가게를 새로 오픈하거나 이사를 하면 동네 사람들의 얼굴도 익힐 겸 떡을 돌려 나누어 먹는 풍습이 있다. 그러나 보통의 가게와 달리 예약자에 한해 이용할 수 있는 게스트하우스의 경우에는 개업 떡 이상의 무언가가 필요하다. 따라서 쉽게 들어와 보기 힘든 게스트하우스의 문을 열고 가까운 지인들과 친구들을 불러모아 많은 사람에게 공간을 선보이는 오픈 파티를 여는 것은 개업을 알리는 아주 좋은 방법이다. 일단 오픈 파티에 와서 게스트하우스의 인테리어와 분위기를 보고 돌아간 사람들은 종종 홍보대사를 자청하곤 한다.

게스트하우스 오픈 파티에는 가능한 한 많은 사람을 초대하는 것이 좋다. 객실마다 다양한 분위기를 연출하여 함께 맛있는 것도 나눠 먹고 침대에 직접 누워도 보면서 느긋하게 음악도 들을 수 있도록 꾸미자. 열심히 만

쉽게 들어와 보기 힘든 게스트하우스의 문을 열고 가까운 지인들과 친구들을 불러모아 오픈 파티를 여는 것은 개업을 알리는 아주 좋은 방법이다.

든 게스트하우스의 구석구석을 구경시켜주다 보면 즐겁게 하룻밤이 금방 지나간다. 오픈 파티를 통해 주변의 사람들에게 게스트하우스의 매력을 체험하게 할 수 있고 좋은 사람들과의 즐거운 시간도 가질 수 있으니 일석이조는 바로 이럴 때 쓰는 말이다.

국경일의 의미를 되짚어보는 이벤트도 의미 있다

조용히 쉴 수 있는 고요함을 콘셉트로 내세우는 게스트하우스가 아니라면 매번 달라지는 손님들을 위해 작고 소소한 이벤트를 많이 만드는 것이 좋다. 그중 외국인이 많이 찾는 게스트하우스라면 국경일의 의미를 되짚어보는 이벤트도 좋은 홍보 수단이 될 수 있다. 외국인에게는 생소하지만 우리에겐 역사적으로 뜻 깊은 날인 한글날, 부처님 오신 날, 개천절의 의미를 설명해주자. 더불어 간단히 모여 밥을 만들어 먹거나 차 한잔 마시는 것만으로도 특별한 이벤트가 된다. 운영만으로도 벅찬 게스트하우스 오픈 초기에는 공을 들여 큰 행사를 준비하는 것보다 소소하게 작은 이벤트를 기획해보는 것이 좋다. 다양한 이벤트로 늘 활기 넘치는 공간을 만드는 것이 게스트에게도 주인장에게도 기쁨을 주는 방법이다.

게스트의 특별한 날을 함께 축하하기

게스트 중에는 생일이나 결혼기념일처럼 특별한 날을 맞이하여 여행을 떠나온 사람이 종종 있기 마련이다. 이런 특별한 사연을 미리 알게 된다면 게스트를 기쁘게 할 수 있는 작은 선물을 준비해보자. 가령 객실을 업그레이드해줄 수도 있고, 게스트하우스 로고가 찍힌 작은 기념품을 전달할 수도 있다. 때론 주인장이 건네는 축하 메시지 하나가 좋은 추억을 선물하기도 한다.

단, 주의할 점이 있다. 주인장은 늘 새로운 게스트를 맞이해야 하는 운명이므로 이런 작은 일들에 지나치게 힘을 들이다 보면 나중에는 부담으로 되돌아올 수 있다. 다양한 게스트의 특별한 날을 편안하고 즐겁게 축하해줄 수 있는 방법이 어떤 것인지 본인이 감당할 수 있는 범위를 잘 따져 생각해보자.

손님맞이 노하우, 픽업 서비스와 웰컴 프루츠

홍대 번화가에 위치했던 잠 게스트하우스의 경우는 쉽게 찾을 수 있는 위치 덕분에 별다른 픽업 서비스가 필요 없었다. 하지만 전화 목소리를 통해 게스트가 길을 헤매고 있다는 느낌이 들 때면 가까운 곳이라도 곧바로 마중을 나가곤 했다. 나를 만난 그들의 안도감 넘치는 표정만으로도 픽업 서비스에 대한 보상이 되기 충분했다.

모르는 동네를 찾았을 때 마중 나와주는 듬직한 친구처럼 처음 걷는 길 위에서 믿음직한 길잡이가 되어주는 것, 바로 이것이 게스트하우스의 픽

웰컴 프루츠라고 해서 꼭 과일일 필요는 없다. 흔한 과자든 사탕이든 게스트를 위해서 무언가를 준비하는 것은 상대방을 기쁘게 하는 일임에 틀림없다.

업 서비스다. 공항에서부터 차로 픽업하는 것까지는 아닐지언정 게스트하우스에서 가까운 곳이라도 기꺼이 마중 나가는 서비스는 때때로 여행자에게 큰 위안이 된다. 서비스를 최소로 줄여서 저렴한 가격을 유지하고자 하는 게스트하우스가 아니라면 픽업 서비스로 경쟁력을 높이도록 하자.

웰컴 프루츠(Welcome Fruits), 즉 체크인 때 환영의 의미로 과일을 제공하는 것은 동남아의 고급 리조트나 분위기 좋은 호텔에서나 만나볼 수 있는 서비스다. 따라서 게스트하우스에서 기대치 않은 웰컴 프루츠를 만나게 된다면 그 감동은 배가 될 것이다.

웰컴 프루츠라고 해서 꼭 과일일 필요는 없다. 흔한 과자든 사탕이든 게스트를 위해서 무언가를 준비하는 것은 상대방을 기쁘게 하는 일임에 틀림없다. 연인에게는 무엇이든 주고 싶은 법이지 않은가. 연인을 맞이하듯 게스트를 대한다면 그런 따뜻한 마음이 게스트에게 전해지는 것은 당연지사다.

그들에겐 내가 곧 한국이다

다소 엉뚱한 이야기 같지만 게스트하우스 주인장이 되고 난 이후 나는 한국에 대해 더 많이 공부하고 알아야만 했다. 그도 그럴 것이 게스트하우스를 찾는 외국인들을 만나면서 '그들에게는 내가 곧 한국이구나' 하고 느낀 적이 한두 번이 아니었기 때문이다. 한국을 자주 찾거나 한국 드라마를 좋아하는 일본·동남아 게스트라면 한국을 대표할 사람은 주인장 이외에 더 많을 것이다. 그러나 보수적인 미국 중부나 유럽 시골에서 온 게스트에게는 주인장인 내가 곧 한국에 대해 알려주는 길잡이요, 때로는 한국 그 자체가 된다.

설날에 떡국을 끓여 먹고 함께 시골 여행을 다녀오는 것도 좋지만 무엇보다 이들이 게스트하우스에서 편히 쉴 수 있는 환경을 갖추고 한 발짝 먼저 다가가는 여유를 가지도록 하자. 외국인에게는 게스트하우스에서 경험하는 모든 일이 곧 한국의 문화라는 것을 잊지 말자.

Halloween Party

귀신과 유령, 사탕 괴물의 행렬은 없었지만 다양한 게스트만으로도 할로윈은 충분했다.

후기는 주인장을 춤추게 한다

후기를 남기고 싶은 게스트하우스가 되자

게스트하우스의 경쟁력은 입소문이다. 아무리 많은 돈을 들여 홍보를 하더라도 주변 사람의 소개나 후기보다 영향력이 크지는 않다. 게스트하우스는 일단 체크인하면 환불할 수 없는 숙박시설인 만큼 예약을 할 때는 미리 경험해본 사람들의 말에 영향을 많이 받을 수밖에 없다. 트립어드바이저나 에어비앤비와 같이 이용자들의 후기에 의존하는 숙박 예약 사이트가 인기 있는 이유도 바로 이것이다.

숙박 예약 사이트나 여행 정보 사이트에 후기를 남기는 행위, 즉 시간을 들여 게스트하우스에서 겪은 경험을 공유하고 그곳을 추천한다는 것은 그만큼 감동을 받았다는 말과 같다. 꼭 유명한 여행 정보 사이트가 아니더라도 게스트하우스를 찾은 사람들이 후기를 남길 수 있도록 유도하자. 게스트하우스 리셉션에 메모지를 놓고 후기를 남기게 하거나 방명록을 만들 수도 있다. 게스트하우스 페이스북이나 블로그에 댓글이나 후기를 남길 수 있도록 주소를 공유하는 것도 좋은 방법이다.

잠 게스트하우스의 경우 또한 외국인 여행자들 사이에서 입소문으로 알려지다가 여행 바이블 《론리 플래닛》에 실려 유명세를 탄 경우다. 이처럼 게스트하우스를 찾은 이를 진심으로 대하면 그가 또 다른 이들을 불러 모으기 마련이다. 여행의 경험에서 게스트하우스가 차지하는 부분은 상당히 크다. 게스트하우스에 묵는 여행자는 그곳에서 사람들을 만나고 주인장에게 도움을 받아 다음 여정을 이어나간다. 여행의 기억이 소중한 만큼 게스트하우스에서의 기억도 소중해진다는 것, 이 특별한 경험은 다시 게스트를 불러모은다는 사실을 잊지 말자.

운영 이야기를 공유하면 게스트가 곧 친구가 된다

페이스북이나 트위터처럼 게스트하우스의 소식을 전하는 온라인 소식통을 만드는 일은 여행자를 불러모으는 가장 좋은 홍보 방법이다. SNS는 게스트가 떠난 후에도 친구로 만들어버리는 특별한 힘이 있기 때문이다.

매일 일기를 쓸 수는 없더라도 SNS 계정을 하나 개설하여 게스트하우스를 운영하면서 겪는 이야기를 공유해보자. 게스트하우스에 다녀갔던 이들은 업데이트되는 내용을 통해 여행의 기억을 새록새록 떠올릴 수 있고 다시 한국을 찾을 때면 익숙한 곳인 양 다시 찾게 된다. 다양한 경로로 게스트하우스를 새롭게 알게 된 이들이라면 SNS에 업데이트되는 소식을 늘 확인하면서 언젠가 떠날 여행에 대한 기대를 키우기도 한다.

결국 게스트하우스를 완성하는 것은 사람이다. SNS에서든 오프라인에서든 주인장의 진심 어린 마음은 게스트에게 전해지기 마련이고, 게스트의 감동은 또 다른 게스트를 불러모아 '여행자의 집'에 온기를 더한다.

▶ 여행의 기억이 소중한 만큼 게스트하우스에서의 기억도 소중해진다는 것, 이 특별한 경험은 다시 게스트를 불러모은다는 사실을 잊지 말자.

Epilogue
오늘도 나는 게스트하우스 주인장입니다

"게스트하우스 1세대네요." 사람들이 제게 건네곤 하는 이 말이 어색하지 않을 만큼 어느덧 시간이 흘렀습니다. 책을 쓴 후로 많은 분이 게스트하우스를 열어보고자 제게 문의하셨고 그중 이제는 명실공히 게스트하우스 주인장으로 자리를 잡은 분들도 있습니다. 책을 쓰기 전에는 제 작은 경험의 산물이 새로운 시작을 꿈꾸는 분들께 이렇듯 도움이 될 것이라고는 미처 생각하지 못했어요. 큰 보람과 함께 그만큼 게스트하우스를 여는 일에 대해 더 잘 설명하고 조심스레 알려드려야겠다는 책임감도 느꼈던 시간이었습니다.

지금은 상당히 많은 게스트하우스와 에어비앤비가 생겼습니다. 게스트하우스를 익숙하게 예약하고, 나아가 개인의 공간을 빌려 여행지에서의 잠자리를 해결하는 것도 더 이상 어색한 일이 아닙니다. 이 책에 게스트하우스 주인장에 대해 풀어놓으면서도 '과연 이렇게 하는 사람들이 많을까?' 하고 생각했는데 이제는 당연한 듯 자신의 이야기와 강점을 게스트하우스에 녹여내는 주인장들을 종종 만나곤 합니다.

가보고 싶은 게스트하우스가 늘어나는 만큼 여행을 떠나는 사람들도 더 많아졌습니다. 작은 시작점에 서 있던 여행 문화와 숙박 문화가 아주 큰 에너지를 가지고 움직이는 것이 느껴져요. 갈 곳 없는 여행자들을 위한 공간을 만들고 싶었던 소박한 주인장인 제가 갈 곳이 넘쳐서 어서 떠나고 싶어질 때가 오다니, 감개무량합니다.

여행을 하면서 또 게스트하우스 주인장으로 살아가면서 여전히 유효한 철학이 있다면 바로 이것입니다. 여행이란 새로운 친구를 만들 수 있는 가장 설레는 방식이고 세상의 다양함에 눈뜰 수 있는 가장 놀라운 방식 중 하나라는 것 그리고 게스트하우스 주인장이 된다는 것은 이 모든 여행의 혜택을 앉은 자리에서 전부 누리는 것이라고요.

모든 행복한 게스트하우스 주인장에게 더 큰 행운이 있기를 기원합니다.

― 책 속 부록 ―

창업하는 사람이라면 기본적으로 알아야 할 사업자등록

글·김경진(한빛미디어㈜ 재무팀장)

사업자등록이란 납세의무자에 해당하는 사업자를 세무관서의 대장에 수록하는 것을 말한다. 개인이든 법인이든 사업을 개시하면 사업자등록을 해야 한다. 사업자등록은 사업장마다 해야 하며, 사업장이 여럿이면 각각의 사업장마다 별도로 사업자등록을 해야 한다.

사업자등록 신청 전 이것은 꼭 결정하자!

사업자등록 전에는 세법상 일반과세자로 사업자등록을 할지, 간이과세자로 사업자등록을 할지 결정을 해야 한다. 개인사업자는 공급가액과 부가가치세액을 합산한 금액인 공급대가에 따라 간이과세자와 일반과세자로 구분된다. 그러므로 자신에게 맞는 올바른 과세 유형을 선택하여야 한다. 간이과세자는 연간 공급대가의 예상액이 4800만 원 미만인 개인사업자를 말하며, 일반과세자는 간이과세자 이외의 사업자를 지칭한다. 간이과세자로 등록을 하게 되면 세금계산서를 발행할 수 없다.

　도시민박업의 경우 월 매출이 200만 원 이하로 예상될 경우에는 간이과세자로 등록하는 것이 유리할 수 있다.

간이과세자와 일반과세자의 장·단점 살펴보기

구분	간이과세자	일반과세자
장점	• 낮은 부가세율(1.5~4%) • 1년 매출이 총 2400만 원 미만일 경우 부가세 면제 • 과세 기간 중간에 별도로 부가가치세를 신고하는 예정신고 및 예정고지 없음	• 매입세액 전액 공제 • 매입세액이 매출세액보다 많으면 세금 환급
단점	• 세금계산서 발급 불가 • 매입세액의 15~40%만 공제 • 매입세액이 매출세액보다 많아도 세금 환급 불가	• 세금계산서 의무 발행

생각보다 쉬운 사업자등록 신청 절차

사업자등록은 사업을 시작한 날로부터 20일 이내에 구비 서류를 갖추어 관할세무서 민원봉사실에 신청해야 하며, 사업을 시작하기 전에도 신청 가능하다. 사업자등록 신청서에는 사업자 본인의 서명이 필수다. 대리인이 신청할 경우 대리인과 사업자의 신분증을 반드시 지참해야 하고 사업자등록 신청서에 대리인과 사업자의 인적사항을 기재하고 자필 서명하여

제출 서류
- 사업자등록신청서 1부
- 임대차계약서 사본(사업장을 임차한 경우에 해당)
- 해당 사업자의 허가증(혹은 등록증이나 신고증) 사본
- 공동사업자인 경우, 동업계약서
- 외국인인 경우에는 재외국민, 외국인 입증 서류

야 한다. 2명 이상의 사업자가 동업을 하는 경우 사업자등록 신청은 공동 사업자 중 1명을 대표자로 하여 대표자 명의로 신청해야 한다.

당당하게 시작하는 사업, 사업자등록증 발급하기

사업자등록 신청을 하면 당일 또는 3일 이내에 사업자등록증을 발급해준다. 사업자등록증은 관할 세무서 민원봉사실에서 구비 서류 확인과 면담을 거친 후 교부한다. 다만, 신청 내용으로 보아 명의 위장 또는 신용카드 위장 가맹, 사업자등록을 해놓고 가짜 세금계산서를 무단으로 발행하는 자료상 등의 혐의가 있다고 판단될 때는 한 가지 절차를 더 거친다. 이 경우에는 사업자등록증을 발급하기 전에 세무서에서 현장 방문을 실시하여 실제로 사업을 하고 있는지 여부를 확인한다. 이상이 없으면 조사한 사실에 따라 사업자등록증을 발급하는데 일반적인 사업자등록 기간보다 5일 정도 연장된다고 보면 된다.

── 책 속 부록 ──

도시민박업 사업자가 알아야 할 세금

사업자가 납부해야 하는 세금은 사업 형태에 따라 달라지는데 개인사업자의 경우는 부가가치세와 소득세를 납부해야 한다. 개인사업자는 물건을 팔 때 상대방에게 부가가치세를 추가로 받아서 납부해야 하고, 발생한 소득에 대해서는 다음해 5월 31일까지 종합소득세를 신고하고 납부해야 한다.

부가가치세 : 숙박료에 포함되는 세금

사업자는 상품을 판매하거나 서비스를 제공할 때 거래 금액의 일정 금액을 부가가치세로 징수하여 납부해야 한다. 부가가치세는 생산 및 유통 과정에서 생기는 부가가치에 대한 세금으로 숙박료에는 이미 부가가치세가 포함된 상태라고 볼 수 있다. 그러므로 투숙객이 숙박료를 지불했다면 여기에는 부가가치세가 포함된 것이며 이를 사업자가 대신 징수했다가 세금 신고를 하고 납부를 하는 것이다.

부가가치세 신고 기간 및 세액 산정

부가가치 과세업자는 일반과세자와 간이과세자로 구분되며, 그 유형에 따라 세금 납부 절차와 세액 부담에 차이가 있다. 부가가치세는 간이과세자의 경우 1년 단위, 일반과세자의 경우 6개월 단위로 확정신고를 해야 한다.

사업자	구분	과세 대상 기간	신고 및 납부 기간	대상자
간이과세자	확정신고	1.1~12.31	다음 해 1.1~1.25	개인사업자
일반과세자	1기 예정신고	1.1~3.31	4.1~4.25	법인사업자
	1기 확정신고	1.1~6.30	7.1~7.25	법인/개인사업자
	2기 예정신고	7.1~9.30	10.1~10.25	법인사업자
	2기 확정신고	7.1~12.31	다음 해 1.1~1.25	법인/개인사업자

일반과세자의 부가가치세 신고

일반과세자는 매입세액을 전액 공제받아 매출세액에서 매입세액을 차감한 금액을 세금으로 납부한다. 그러므로 매출 관리뿐만 아니라 매입 관리도 철저히 하도록 하며, 매입 세금계산서를 꼼꼼히 챙겨야 한다.

> 납부세액 = 매출세액(매출액×10%) − 매입세액(매입액×10%)

간이과세자의 부가가치세 신고

간이과세자는 매출세액에서 매입세액을 차감하여 세금을 납부한다. 이때 매출세액과 매입세액에는 모두 업종별 부가가치율을 적용해야 한다. 간이과세자는 세금계산서 발급이 불가능한 대신 영수증 발급은 가능하다. 1년간의 매출액이 2400만 원 미만이면 부가가치세를 면제받게 되는데, 이때에도 신고는 해야 한다.

> 납부세액 = (매출액×업종별 부가가치율×10%) − (매입세액×업종별 부가가치율)
>
> ◆ 숙박업의 부가가치세율은 20%이다.

종합소득세 : 소득이 있다면 꼭 내야 할 세금

종합소득세란 개인이 1년간 경제 활동으로 얻은 소득에 대하여 납부하는 세금이다. 개인의 소득을 유형에 따라 이자소득, 배당소득, 임대소득, 사업소득, 근로소득, 연금소득, 기타소득 등으로 분류할 수 있는데 이러한 소득을 모두 합산하여 과세하는 것이 종합소득세다. 매년 11월에 소득세 중간예납세액을 납부해야 하고, 다음해 5월 확정신고 시 기납부세액을 공제한다.

 소득세는 개인이 1년간 벌어들인 모든 소득을 종합한 것을 의미하므로, 근로소득이 있을 경우에는 근로소득과 도시민박업 사업소득을 합산해 신고 및 납부해야 한다. 소득세는 누진세이므로 근로소득에 사업소득이 합산되면 세율이 올라갈 수 있다. 종합소득세는 매년 1월 1일부터 12월 31일까지의 소득에 대해 다음해 5월 1일부터 5월 31일까지 주소지 관할 세무서에 신고한 후 납부한다.

> 납부세액 = 종합과세표준 × 소득세율

종합소득세는 작년 한 해 동안 개인이 벌어들인 소득에 대해 세금을 부과하는 것이므로 수입이 없거나 손실이 발생했다면 세금이 없는 것이 원칙이다. 따라서 손실이 발생하였다는 내용의 장부를 작성하여 종합소득세 확정신고를 할 필요가 있다. 다시 말해 사업에서 손실이 발생해서 납부할 세액이 없는 경우에도 종합소득세 신고를 해야 한다는 말이다. 신고를 하지 않은 경우 특별공제와 각종 세액공제 및 감면을 받을 수 없으며, 무신고 가산세와 납부불성실 가산세를 추가로 부담하게 된다.